中国文化传统是宽容的

宽容的

孙犁 …………… 著

中华书局

图书在版编目(CIP)数据

中国文化传统是宽容的/孙犁著;夏成绮编. —北京:中华书局,2017.7

ISBN 978-7-101-12595-5

Ⅰ.中… Ⅱ.①孙…②夏… Ⅲ.中国历史-研究 Ⅳ.K207

中国版本图书馆 CIP 数据核字(2017)第 113782 号

书　　名	中国文化传统是宽容的	
著　　者	孙　犁	
编　　者	夏成绮	
责任编辑	吴艳红	
出版发行	中华书局	
	（北京市丰台区太平桥西里 38 号　100073)	
	http://www.zhbc.com.cn	
	E-mail:zhbc@zhbc.com.cn	
印　　刷	北京瑞古冠中印刷厂	
版　　次	2017 年 7 月北京第 1 版	
	2017 年 7 月北京第 1 次印刷	
规　　格	开本/880×1230 毫米　1/32	
	印张 9¼　插页 2　字数 187 千字	
印　　数	1-8000 册	
国际书号	ISBN 978-7-101-12595-5	
定　　价	45.00 元	

孙犁晚年虽说是野味读书，读得比较杂，但细索其购书记录和读书笔记，还是能发现一些规律。譬如，他买书，早年是率性而买，甚至总结经验是"进大书店，不如进小书铺。进小书铺，不如逛书摊。逛书摊，不如偶然遇上"（《野味读书》）。后来进城后，购书一般是依照鲁迅书账："《鲁迅日记》的书账上，不记得有没有这部书。有很长时间，我是按照他的书账买书的。"（《买〈流沙坠简〉记》）再譬如，他读书，早年是学以致用，但进城以后，就感叹："为什么进城以后，我又爱好起古书来呢?"（《我和古书》）

孙犁喜欢读书，也喜欢写读书感想，但写得最多，最为动情的，还是读史笔记。在他的读史笔记中，写得最感人的又是有关人物传记方面的系列文字。由此，对于怎么写历史和怎么写传记，孙犁也有很多自己的见解，比如："历史与小说之分野，在于虚构之有无。"（《读〈燕丹子〉——兼论小说与传记文学之异同》）又说："文学家不适宜修史，因为卖弄文才，添枝加叶，有悖于删削之道，能使历史失实。"（《与友人论传记》）还说："一个作者，有几分见识，有多少阅历，就去写同等的生活，同类的人物，虽不成功，离题还不会太远。自己识见很低，又不肯用功学习，努力体验，而热衷于创造出一个为万世师、为天下法的英雄豪杰，就很可能成为俗话说的：'画虎不成，反类其犬。'"（《三国志·诸葛亮传》）一位历史学家应该具备什么样的史才、史学和史识，孙犁在读史笔记中都有触及和讨论；对历史人物如何评价，孙犁也与别人不一样，其常常是联系人生境遇，发别人未发之高论，深刻而又动人。

孙犁在《读〈旧唐书〉记》其中的《陈子昂、宋之问》篇文末，有议论曰：

> 汉高祖听任吕后杀人，唐高宗听任武后杀人，包括他原来的妻子和亲娘舅，都是为了保住自己。再以后的事，他们是想不到也管不了。遇上这样的时代，做官和作文，都是很不容易的。正直的，自取灭亡，趋媚者，也常常得不到好下场。

> 宋之问还是唐诗名家，留下了一本薄薄的诗集。中国的文化传统，是宽容的，并不以人废文。文人并无力摆脱他所处的时代。也不是每个文人，都能善处自己的境遇的。

孙犁认为中国的文化传统是非常宽容的，这个观点在书中很多地方都曾说及。譬如，北齐魏收因其行甚卑，时人不耻，其所撰《魏书》亦被称为"秽史"，而孙犁读后却说"《魏书》文字典雅，记事明断"（《买〈魏书〉、〈北齐书〉记》）。再譬如，在《辽居稿》中，说罗振玉当时在辽东忠心于溥仪，往来日本，为建立一个傀儡小朝廷而奔走，评论时说：

> 人之一生，行为主，文为次。言不由衷，其文必伪；言行不一，其人必伪。文章著作，都要经过历史的判定与淘汰。

行文到最后，孙犁却说：

> 当然，学术也要与政治有所分别。罗振玉写的金石跋尾，后世一些专家学者，还是要参考的。

孙犁是一位真实的作家，他读史书看到了中国文化的宽容，在他自己评定别人的时候，也是非常宽容的。阅读孙犁的读史笔记，我们发现，孙犁宽容的历史观和现实中人们对他的评价——"刻薄寡恩"形成强烈对比。他是一位内心善良而又无比冷静的作家。

孙犁晚年阅读了比较多的史部文字，也应有其原因，"读中国历史，有时是令人心情沉重，很不愉快的。倒不如读圣贤的经书，虽然都是一些空洞的话，有时却是开人心胸，引导向上的。古人有此经验，所以劝人读史读经，两相结合。这是很有道理的"（《清代文献

（二）》）。一个人的气质决定了一个人的阅读选择，孙犁是一个比较凝重的人，尽管读史使人沉重，但他还是选择了读史，他说：

> 我的读书，从新文艺转入旧文艺，从新理论转到旧理论，从文学转到历史。这一转化，也不知道是怎么形成的。（《我的读书生活》）

一位深刻而凝重的作家，从不随波逐流。结合孙犁内心的宽容和理智，也就可以理解孙犁那些恬淡、隽永，散发着人性光辉的作品了，也更可以理解其清静、简朴、低调为人和爱憎分明了。

本书收录的主要是孙犁阅读史部书的文字，这些文章有读书笔记、有题记等。孙犁在《我的史部书》开篇说："按照四部分类法，史部包括：正史、编年、纪事本末、古史、别史、杂史、载记、传记、诏令奏议、地理、政书、谱录、金石、史评，共十四类。每类又分小项目，如杂史中有：事实、掌故、琐记。"① 本书根据孙犁阅读的内容，大致按照上述的顺序进行编排。这里需要说明的是，第一，《我的金石美术图画书》，金石图书属于史部目录类，美术图画书属于子部艺术类，因为是一篇不可分拆的文章，收入此书，取其

---

① 关于《四库全书》中的史部，一般认为分为十五大类，即正史、编年、纪事本末、别史、杂史、诏令奏议、传记、史钞、载记、时令、地理、职官、政书、目录、史评。

前者之故。第二，部分书衣上的文字，也有不少涉及史部书，有些文字只是触景生情的感叹，且几乎没有谈到书的内容，更不能体现孙犁的历史观，比如在《建炎以来系年要录》书衣上，作者写道："昨晚台上坐，闻树上鸟声甚美。起而觅之，仰望甚久。引来儿童，遂踊跃以弹弓射之。鸟不知远引，中二弹落地，伤头及腹。乃一虎皮鹦哥，甚可伤惜。此必人家所养逸出者。只嫌笼中天地小，不知外界有弹弓。鸟以声亡，虽不死我手，亦甚不怡。"类似这样的文字，都统一不收。第三，日记部分内容复杂，这里就大致归为人物传记类，因为孙犁说："日记，按道理讲，最能保存时代生活真貌，及作者真实情感。"（《缘督庐日记钞》）当然，这里说的史部书，不是严格地指《四库全书》和《续修四库全书》中的史部书。至于附录部分，主要收录的是和史部书相关的议论文字，它们对于更好理解作者读史心得是有所裨益的，如《关于纪昀的通信》、《与友人论传记》、《谈读书记》和《读〈燕丹子〉——兼论小说与传记文学之异同》，都是谈人物传记的撰写问题。

编选的过程中，编者主要是想借汇编孙犁读史文字来全面反映孙犁的历史观和人生观，由此尝试着更好地理解孙犁的人和文。孙犁一生爱书，深居简出，所以有时间去涉猎各种典籍，读书杂且量大，编选中难免挂一漏万，在此敬请读者不吝赐教为盼。

编　者

二〇一七年三月

目　录

中国文化传统是宽容的

中国文化传统是宽容的

代序　我的史部书

按照四部分类法，史部包括：正史、编年、纪事本末、古史、别史、杂史、载记、传记、诏令奏议、地理、政书、谱录、金石、史评，共十四类。每类又分小项目，如杂史中有：事实、掌故、琐记。这显然不很科学，也很繁琐。但史书，确实占有中国古籍的大部。经书没有几种，占据书目的，不是经的本文，而是所谓"经解"。

历代读书界，都很重视史书，经史并重，甚至有六经皆史之说。我国历史悠久，史书汗牛充栋，无足奇怪。

人类重史书，实际是重现实。是想从历史上的经验教训，解释或解决现实中存在的问题。

我在青年时，并不喜好史书。回想在学校读书的情况，还是喜欢读一些抽象的哲学、美学，或新的政治、经济学说。至于文艺作品，也多是理想、梦幻的内容。这是因为青年人，生活和经历都很单纯，遇到的，不过是青年期的烦恼和苦闷，不想，也不知道，在历史著作中去寻找答案。

进城以后，我好在旧书摊买书，那时书摊上多是商务印书馆的书，其中《四部丛刊》、《丛书集成》零本很多，价钱也便宜，我买了不少。直到现在，《四部丛刊》的书，还有满满一个书柜。《丛书集成》的零本，虽然在佟楼，别人给糊里糊涂地卖去一部分，留下的还是不少，它的书型和商务的另一种大型丛书——《万有文库》相同，现在合起来，占据半个书柜。剩下的半个书柜，叫商务的《国学基本丛书》占用。

此外，还买了不少中华书局的《四部备要》零本，都是线装——其中包括十几种正史。

这些书中，大部分是史部书。书是零星买来的，我阅读时，并没有系统。比如我买来一部《建炎以来朝野杂记》，认真地读过了，后来又遇到《建炎以来系年要录》，我就又买了来，但因为部头太大，只是读了一部分。读书和买书的兴趣，都是这样引起，像顺藤摸瓜一样，真正吞下肚的，常常是那些小个的瓜，大个的瓜，就只好陈列起来了。

还有一个例子。进城不久，我买了一部《贞观政要》，对贞观之治和初唐的历史，发生了兴趣，就又买了《大唐创业起居注》、《隋唐嘉话》、《唐摭言》（鲁迅先生介绍过这本书）、《唐鉴》、《唐会要》等书。这些书都是认真读过了的。

还有一个小插曲：五十年代，当一个朋友看到我的书架上有《贞观政要》一书，就向别人表扬我，说："谁说孙犁不关心政治？"

中国文化传统是宽容的

其实，我是偶然买来，偶然读了，和"关心政治"毫无关系。

又例如：我买了一部《大唐西域记》，后来就又买了《大唐玄奘法师传》。这部书是大汉奸王揖唐为他父亲的亡灵捐资刻印的，朱印本，很精致，只花了八角钱，卖书小贩还很高兴。再例如，因为从《贞观政要》，知道了魏徵，就又买了他辑录的《群书治要》，这当然已非史书。

买书就像蔓草生长一样，不知串到哪里去。它能使四部沟通，文史交互。涉猎越来越广，知识越来越增加。是一种收获，也是一种喜悦。

我买的史部书很多，在《书目答问》上，红点是密密的，尤其是杂史、载记部分。关于靖康、晚明、清初、太平天国的书，如《靖康传信录》、《松漠纪闻》、《荆驼逸史》、《绥寇纪略》、《痛史》、《太平天国资料汇编》，都应有尽有。对胜利者虽无羡慕之心，对失败者确曾有同情之意。

但历史书的好处在于：一个朝代，一个人物，一种制度的兴起，有其由来；灭亡消失，也有其道理。这和看小说，自不一样。从中看到的，也不只是英雄人物个人的兴衰，还可看到一个时期广大人民群众的兴奋和血泪，虽然并不显著。

经过抗日战争、解放战争、土地改革、全国胜利，进入天津以后，我已经到了不惑之年。本来可以安心做些事业了，但由于身体的素质差，精力的消耗多，我突然病了。

有了一些人生的阅历和经验，我对文艺书籍的虚无缥缈、缠绵恻恻，不再感兴趣。即使《红楼》、《西厢》，过去那么如醉如痴，倾心的书，也都束之高阁。又因为脑力弱，对于翻译过来的哲学、理论书籍，句子太长，修辞、逻辑复杂，也不再愿意去看。我的读书，就进入了读短书，读消遣书的阶段。

中国的史书，笔记小说，成了我这一时期的主要读物。先是读一些与文学史有关的，如《武林旧事》、《东京梦华录》、《梦粱录》、《西湖游览志》等书，进一步读名为地理书而实为文学名著的《水经注》、《洛阳伽蓝记》。由纲领性的历史书，如《稽古录》、《纲鉴易知录》，进而读《资治通鉴》、《十六国春秋》、《十国春秋》等。

这一时期，我觉得历史故事、历史人物，比起文学作品的故事和人物更引人入胜。《史记》、《三国志注》的人物描写，使我叹服不已。《资治通鉴》里写到的人物事件，使我牢记不忘。我曾把我这些感受，同在颐和园一起休养的一位同行，在清晨去牡丹园观赏时，情不自禁地述说了起来，但并没有引起那位同行的同调。

阅读史书，是为了用历史印证现实，也必须用现实印证历史。历史可信吗？我们只能说：大体可信。如果说完全不可信，那就成了虚无主义。但"尽信书不如无书"的古训，还是有道理的。

读一种史书之前，必须辨明作者的立场和用心，作者如果是正派人，道德、学术都靠得住，写的书就可靠。反之，则有疑问。这就是司马迁、司马光，所以能独称千古的道理。

一九九〇年六月二十一日写讫

中国文化传统是宽容的

我的《廿四史》

一九四九年初进城时，旧货充斥，海河两岸及墙子河两岸，接连都是席棚，木器估衣，到处都是，旧书摊也很多，随处可以见到。但集中的地方是天祥市场二楼，那些书贩用木板搭一书架，或放一床板，上面插列书籍，安装一盏照明灯，就算是一家。各家排列起来，就构成了一个很大的书肆。也有几家有铺面的，藏书较富。

那一年是天津社会生活大变动的时期，物资在默默地进行再分配；但进城的人们，都是"穷八路"，当时注意的是添置几件衣物，并没有多少钱去买书，人们也没有买书的习惯。

那一时期，书籍是很便宜的，一部白纸的《四部丛刊》，带箱带套，也不过一二百元，很多拆散，流落到旧纸店去。各种《廿四史》，也没人买，带樟木大漆盒子的，带专用书橱的，就风吹日晒的，堆在墙子河边街道上。

书贩们见到这种情景，见到这么容易得手的货源，都跃跃欲试；但他们本钱有限，货物周转也不灵，只能望洋兴叹，不敢多收。

我是穷学生出身，又在解放区多年，进城后携家带口，除谋划一家衣食，不暇他顾。但幼年养成的爱书积习，又滋长起来。最初，只是在荒摊野市买一两本旧书，放在自己的书桌上。后来有了一些稿费，才敢于购置一些成套的书，这已经是一九五四年以后的事了。

最初，我从天祥书肆，买了一部涵芬楼影印本的《史记》，是据武英殿本。本子较小，字体也不太清晰。涵芬楼影印的这部《廿四史》，后来我见过全套，是用小木箱分代函装，然后砌成一面小影壁，上面还有瓦檐的装饰。但纸张较劣、本子较小是它的缺点，因此，并不为藏书家所珍爱。很长一段时间，人们喜爱同文书局石印的《廿四史》，它也是根据武英殿本，但纸张洁白而厚，字大行稀，看起来醒目，也是用各式小木箱分装，然后堆叠起来，自成一面墙，很是大方。我只买了一部《梁书》而已。

有一次，天祥一位人瘦小而本亦薄的商人，买了一套中华书局印的前四史，很洁整，当时我还是胸无大志，以为买了前四史读读，也就可以了，用十元钱买了下来。因为开了这个头，以后就陆续买了不少中华书局的《廿四史》零种。其实中华书局的《四部备要》本《廿四史》，并不佳。即以前四史而言，名为仿宋，字也够大，但以字体扁而行紧密，看起来，还是不很清楚。以下各史，行格虽稀，但所用纸张，无论黑白，都是洋纸，吸墨不良，多有油

中国文化传统是宽容的

渍。中华书局的《廿四史》，也是据武英殿本重排，校刊只能说还可以，总之，并不引人喜爱。清末，有几处官书局，分印《廿四史》，金陵书局出的包括《史记》在内的几种，很有名，我也曾在天祥见过，以本子太大，携带不便，失之交臂之间。

我的《南史》和《周书》，是光绪年间，上海图书集成印书局校印本，字体并不小，然字扁而行密，看起来字体连成一线，很费目力。清末民初，用这种字体印的书很不少，如《东华录》、《纪事本末》等。这种书，用木板夹起，"文化大革命"中，抄书发还，院中小儿，视为奇观，亦可记也。

我的《陈书》是商务印书馆《四部丛刊》的百衲本。这种本子在版本学术上很有价值，但读起来并不方便。我的《新五代史》，是刘氏玉海堂的覆宋本，共十二册，印制颇精。

国家标点的《廿四史》，可谓善本，读起来也方便。因为有了以上那些近似古董的书，后来只买了《魏书》、《辽史》。发见这种新书，厚重得很，反不及线装书，便利老年人阅读。

这样东拼西凑，我的《廿四史》，也可以说是百衲本了。

一九八〇年十二月

读《史记》记（上）

一

裴骃《史记集解序》：

班固有言曰："司马迁据《左氏》、《国语》，采《世本》、《战国策》，述《楚汉春秋》，接其后事，讫于天汉。其言秦汉详矣，至于采经摭传，分散数家之事，甚多疏略，或有抵捂。亦其所涉猎者广博，贯穿经传，驰骋古今上下数千载间，斯已勤矣。又其是非颇谬于圣人，论大道则先黄老而后六经，序游侠（耕堂按：索隐以刺客为游侠，非也）则退处士而进奸雄，述货殖则崇势利而羞贱贫：此其所蔽也。然自刘向、杨雄博极群书，皆称迁有良史之才，服其善序事理，辩而不华，质而不俚，其文直，其事核，不虚美，不隐恶，故谓之实录。"骃以为固之所言，世称其当。

　　　　　中国文化传统是宽容的

耕堂曰：以上，裴骃（裴松之之子）具引班固论司马迁之言，并肯定之。读《史记》前，不可不熟读此段文字，并深味之也。班之所论，不只对司马迁，得其大体，且于文章大旨，可为千古定论矣。短短二百字，说明了以下几个问题：（一）《史记》所依据之古书；（二）《史记》叙事起讫；（三）《史记》详于秦汉，而略于远古；（四）班固所见《史记》缺处；（五）班固总结自刘、扬以来，对《史记》之评价，并发挥己见，即所谓实录之言，为以后史学批评、文学批评，立下了不能改易的准则。

事理本不可分。有什么理，就会叙出什么事；叙什么事，就是为的说明什么理。作家与文章，主观与客观，本是统一体，即无所谓主体、客体。过于强调主体，必使客体失色；同样，过于强调客体，亦必使主体失色。

"辩而不华，质而不俚"，也是很难做到的，要有多方面的（包括观察、理解、文辞）深厚的修养。因为既辩，就容易流于诡；质，就容易流于俗。辩，是一种感情冲动，易失去理智；文章只求通"俗"哗众，就必然流于俚了。

至于"文直"、"事核"、"不虚美"、"不隐恶"，就更非一般文人所能做到。因为这常常涉及许多现实问题：作家的荣辱、贫富、显晦，甚至生死大事。所以这样的文章、著述，在历史上就一定成为凤毛麟角，百年或千年不遇的东西了。

奉劝有志于此的同道们，把班固这三十个字，写成座右铭。

希望当代文士们，以这三十个字为尺度，衡量一下自己写的文字：有多少是直的，是可以核实的，是没有虚美的，是没有隐恶的。

然而，这又都是呆话。不直，可立致青紫；不实，可为名人；虚美，可得好处；隐恶，可保平安。反之，则常常不堪设想。班固和司马迁，本身的命运，就证实了这一点。

无论班固之评价司马迁，或裴骃之论述班固，究竟都是后人议论前人，不一定完全切当，前人已无法反驳。班固指出的司马迁的几点"是非"，因为时代不同，经验不同，就不一定正确。这就是裴骃所说的："人心不同，传闻异辞。"

二

班固谓："论大道，则先黄老而后六经。"《史记正义》曰：

> 大道者，皆禀乎自然，不可称道也。道在天地之前，先天地生，不知其名，字之曰道。黄帝老子，遵崇斯道。故太史公论大道，须先黄老而后六经。

耕堂曰：以上，余初不知其所指也。后检夏曾佑《中国古代史》，有《文帝黄老之治》一节，所言不过慈俭宽厚。又有《黄老之疑义》一节，读后乃稍明白。兹引录该节要点如下：

一、汉时与儒术为敌者，莫如黄老。

二、黄老之名，始见《史记》，曾出现多次。

三、《史记》以前，未闻此名。

四、实与黄帝无涉，与老子亦无大关系。

五、司马迁的父亲司马谈，曾学道论于黄生，黄学贵无而又信命，故曰黄老。

六、汉时民间盛行壬禽占验之术，谓之黄帝书，是民间日用之书。黄老学者，即以此等书而合之老子书，别为一种因循诡随之言。

七、汉高、文、景诸帝，皆好黄老术，不喜儒术。以窦太后（景帝之母）为甚，当她听到儒生说黄老之学，不过是"家人言"（即僮隶之言）时，就大怒骂人："安得司空城旦书乎！"并命令该人下圈刺猪。那时的猪，是可以伤人的。那人得到景帝的暗助，才得没有丧命。

延安整风时，曾传说，知识分子无能力，绑猪猪会跑，杀猪猪会叫。

"文革"时各地干校，多叫文弱书生养猪，闹了不少笑话。看来，自古以来，儒生与猪，就结下了不良因缘。然从另一角度，亦反映食肉者鄙一说之可信。本是讨论学术，当权者可否可决，何至如此恶作剧！

三

夏曾佑还指出：司马迁在自序中引其先人所述六家指要，归本道家，此老学也。

在这段著名的文字中，司马谈以为：阴阳家多忌讳，"使人拘而多所畏"；儒者"博而寡要，劳而少功"；墨者"俭而难遵"；法家"严而少恩"；名家"使人俭而善失真"。

而道家能"使人精神专一，动合无形，赡足万物。其为术也，因阴阳之大顺，采儒墨之善，撮名法之要，与时迁移，应物变化，立俗施事，无所不宜，指约而易操，事少而功多"。

司马迁遵循了以上见解，形成他的主要思想和人生观，这是没有疑义的。他这种黄老思想，当然已经有别于那种民间的占卜书，也有别于窦太后的那种僵化和固执，是思想家的黄老思想，作家的黄老思想。这种思想，必然融化在他的写作之中。

黄老思想，很长时期，贯穿在中国文学创作长河之中。这种思想，较之儒家思想，更为灵活开放一些，也与文学家的生活、遭遇，容易吻合，更容易为作家接受。

耕堂曰：作家必有一种思想，思想之形成，有时为继承传统，有时因生活际遇。际遇形成思想，思想又作用于生活，形成创作。此即所谓"天人之际"。

人心不同，即思想各异，文人、文章遂有各式各样。然具备自身的思想，为创作的起码条件，具备自身的生活经历，则为另一个基本条件。两相融合、激发，才能成为作品。

然文场之上，亦常出现，既无本身思想，亦无本身生活的人。从历史上看，此等文人，约分数型：有的，呼啸跳跃，实际是喽罗角色。或为大亨助威，或为明星摇旗。有的，以文场为赌场，以文字为赌注，不断在政治宝案上押宝。有时红，有时黑，有时输，有时赢，总的说来，还算有利可图，一般处境不错。但有时，情急眼热，按捺不住，赤膊上阵，把身子也赌上去，就有些冒险了。有的，江湖流氓习气太盛，编故事，造谣言，卖假药，戴着纸糊的桂冠，在街头闹市招摇。有的，身处仕途，利用职权之便，拉几位明星作陪，写些顺水推舟，随波逐流，不痛不痒的文章发表，一脚踏在文艺船上，一脚踏在政治船上，并准备着随时左右跳跃的姿态。此种人，常常一举两得，事半功倍。然都是凑热闹，戏一散，观众也就散了。

四

历代研究《史记》的学者，对班固的论点，也并不是完全同意的。裴骃说："班氏所谓'疏略抵捂'者，依违不悉辩也。"比较含蓄。张守节的《史记正义》，则对班氏进行尖锐反批评，并带有人身攻击的气味。他认为："作史之体，务涉多时；有国之规，备陈臧否；天人地理，咸使该通。"他认为这是司马迁的著述精神。

"班固诋之，裴骃引序，亦通人之蔽也。而固作《汉书》，与《史记》同者，五十余卷。谨写《史记》，少加异者，不弱即劣。何更非剥《史记》？乃是后士妄非前贤！又《史记》五十二万六千五百言，叙二千四百一十三年事。《汉书》八十一万言，叙二百二十五年事。司马迁引父致意；班固父修而蔽之，优劣可知矣！"此即有名的"班马优劣论"，多为后人好事者所称引，其实是没有道理的。班固指出的缺点，并非诋毁；多少年写多少字，是因为今古不同，时间有远近，材料有多少造成。并非文章繁简所致。称引先人与否，不能决定作品的优劣。张守节因治《史记》，即大力攻击《汉书》，殆不如裴骃之客观公正矣。

《正义》并时有矛盾。在后面谈到班固指出的这三条缺点时，他又说："此三者，是司马迁不达理也。"使人莫名其妙。

先黄老，上面已经谈过。序游侠，羞贱贫，前人多以为，司马迁所以着意于此，多用感情，是与其身世有关。如遭到不幸，无人相助，家贫不能自赎等等。这都是有道理的，通人情的。但我以为，并非完全是这么回事。司马迁以续《春秋》自任，六艺之中，特重史学。史学之要，存实而已，发微而已。时代所有者，不能忽略；世人不注意，当先有所见，并看出问题。他对游侠、货殖，都看做是社会问题，时代症结。游侠在当时已形成能影响政治的一种势力，从缓解大政治犯季布的案子，即可明显看出。在货殖方面，司马迁详细记录了当时农、工、商各界的生产流通情况，它们之间的关系，以及对政治的影响。都是做了深入调查，经过细心研究，才写出的。两篇列传，都是极其宝贵的历史文献。

耕堂曰：以上所述，可以看出，班固指摘《史记》三点错误，实不足为《史记》病，反彰然表明，实为《史记》之一大特色，一大创造。

各行各业，均有竞争，竞争必有忌妒。学者为了显露自己，不能不评讥前人。如以正道出之，犹不失为学术。如出自不正之心，则与江湖艺人无异矣。

近人为学者，诋毁前人之例甚多，否定前人之风甚炽。并非近人更为沉落不堪，实因外界有多种因素，以诱导之，使之急于求成，急于出名，急于超越。如文化界之分为种种等级，即其一端。特别是作家，也分为一、二、三等，实古今中外所从未闻也。有等级，即有物质待遇、精神待遇之不同，此必助长势利之欲。其竞争手段，亦多为前所未有。结宗派，拉兄弟。推首领，张旗帜。花公家钱，办刊物，出丛书，培养私人势力，以及乱评奖等等。

以上，均于学术无益，甚至与学术无关。亦不能出真正人才。但往往能得到现实好处，为浅见者所热衷。

（原载一九九〇年四月十三日"满庭芳"）

一

《太史公自序》：

迁生龙门，耕牧河山之阳。年十岁则诵古文（耕堂按：包括古文《尚书》、《左传》、《国语》、《系本》等书）。二十而南游江、淮，上会稽，探禹穴，窥九疑，浮于沅、湘；北涉汶、泗，讲业齐、鲁之都，观孔子之遗风，乡射邹、峄；厄困鄱、薛、彭城，过梁、楚以归。于是迁仕为郎中，奉使西征巴、蜀以南，南略邛、笮、昆明，还报命。

以上是司马迁自叙幼年生活、读书，以及两次旅行所至地方。这些，都是《史记》一书创作前的准备，即学识与见闻的准备。自司马迁创读书与旅行相

中国文化传统是宽容的

结合，地理与历史相印证，所到一处，考察民风，收集口碑遗简，这一治学之道，学者一直奉为准则，直至清初顾炎武，都是如此去做。

后面接着叙述，他如何受父命、下决心，完成这一历史著作：

> 小子不敏，请悉论先人所次旧闻，弗敢阙。

> 卒三岁而迁为太史令，䌷史记（耕堂按：抽彻旧书故事而次述之、缀集之）石室金匮之书。

这还是材料准备阶段，共用五年时间。《史记》正式写作，于武帝太初元年。义七年以后，司马迁遭李陵之祸，写作受到很大打击。在反复思考以后，终于继续写下去，完成了这部空前绝后的著作。

当时的汉朝，并不重视学术文化，他这部呕心沥血的著作，也没有人过问。《史记》的第一个读者，是著名的滑稽人物东方朔。东方朔确是一个饱学之士，文辞敏捷。但皇帝也只是倡优畜之，正在过着"隐于朝廷"、"隐于金马门"的无聊生活。志同道合，司马迁引他为知己，把著作先拿给他看。东方朔的信条是："崛然独立，块然独处；与义相扶，寡偶少徒。"司马迁的信条是："不趋势利，不流世俗。"两个人所以能说到一处。东方朔在司马迁的书上，署上"太史公"三个字。后人遂以《史记》为太史公书。

　　班固说：迁既死，其书稍出。宣帝时，迁外孙平通侯杨恽祖述其书，遂宣布焉。

　　据司马贞《史记索隐序》，司马迁的《史记》，因为"比于班书，微为古质，故汉晋名贤未知见重"。它的流传，以及研究注释，远远不及班固的《汉书》热闹。很长时间，是不为人知，处境寂寞的。

二

　　关于司马迁及其《史记》，原始材料很少，研究者只能根据他的自序。班固所为列传，只多《报任安书》一文，其余亦皆袭自序。

　　耕堂曰：后之论者，以为《史记》一书，乃司马迁发愤之作。然发愤二字，只能用于李陵之祸以后；以前，钦念先人之提命，承继先人之遗业，志立不移，只能说是一种坚持，一种毅力，一种精神。这种精神，遇到意外的打击、挫折，不动摇，不改变，反而加强，这才叫做发愤。发愤著书，这种人生意境，很难说得清楚，惟有近代"苦闷的象征"一词，可略得其仿佛。

　　凡是一种伟大事业，都必有立志与发愤阶段。立志以后，还要

　　　　　　　　　　　　　　中国文化传统是宽容的

有准备。司马迁的准备，前面已经说过了。

人们都知道，志大才疏，不能完成伟大的事业。但才能二字，并非完全是天地生成，要靠个人努力，和适当的环境。努力和环境，可以发展才能，加强才能。

所谓才能，常常是在一个人完成了一种不平凡的工作之后，别人加给他的评语，而不是在什么也没有做出之时，自己给自己作的预言。自认有才，或自称有才，稍为自重的人，也多是在经过长期努力，在一种事业上，做出一定成绩的时候，才能如此说。

在历史上，才和不幸，和祸，常常联在一起。在文学上，尤其如此。所谓不幸、祸，并非指一般疾病，夭折，甚至也不指天灾；常常是指人祸。即意想所不及，本人及其亲友，均无能为力，不能挽救的一种突然事变，突然遭际。司马迁所遭的李陵之祸，他在《报任安书》中，叙述、描绘的，事前事后的情状，心理，抉择，痛苦，可以说是一个有才之士，在此当头，所能做的，最为典型、最为生动的说明了。

这种不幸，或祸，常常与政治有密切联系，甚至是政治的直接后果。姑不论司马迁在书信前面，列举的西伯以下八个王侯将相，他们之遭祸，完全是政治原因，他们本身就是政治。即后面他所引述的文王以下，七个留有著作的人，其遭祸，也无不直接与政治有关。

司马迁把遭祸与为文，联结成一个从人生到创作的过程，称之为：

此人皆意有所郁结，不得通其道，故述往事，思来者……以舒其愤，思垂空文以自见。

这是一个极端不幸、极端痛苦的过程，是一个极端令人伤感的结论。更不幸的是，这个结论为历史所接受，所承认，所延演，一无止境。

三

《秦始皇本纪》：

丞相李斯曰："五帝不相复，三代不相袭，各以治，非其相反，时变异也。今陛下创大业，建万世之功，固非愚儒所知。且越（耕堂按：博士齐人淳于越）言乃三代之事，何足法也？异时诸侯并争，厚招游学。今天下已定，法令出一，百姓当家则力农工，士则学习法令辟禁。今诸生不师今而学古，以非当世，惑乱黔首。丞相臣斯昧死言：古者天下散乱，莫之能一，是以诸侯并作，语皆道古以害今，饰虚言以乱实，人善其所私学，以非上之所建立。今皇帝并有天下，别黑白而定一尊。私学而相与非法教，人闻令下，则各以其学议之。入则心非，出则巷议，夸主以为名，异取以为高，率群下以造谤。如此弗禁，则主势降乎上，党与成乎下。禁之便。臣请史官非秦

中国文化传统是宽容的

记皆烧之。非博士官所职，天下敢有藏《诗》、《书》、百家语者，悉诣守、尉杂烧之。有敢偶语《诗》、《书》者弃市。以古非今者族。吏见知不举者与同罪。令下三十日不烧，黥为城旦。所不去者，医药卜筮种树之书。若欲有学法令，以吏为师。"制曰："可。"

耕堂曰：以上为秦始皇时，李斯著名之建言，焚书坑儒之原始文件。余详录之，以便诵习，加深对这一历史事件的准确印象。李斯说这段话之前，是一位武官称颂始皇的功德，始皇高兴；接着是一位博士，要始皇法效先王，始皇叫李斯发表意见。

这一事件的要害处，为"以古非今"。这事件的发生，是在秦始皇三十四年，即他的晚年，功业大著，志满骄盈之时。他现在所想的，一是巩固他的统治，一是求长生。巩固统治，李斯的主张，往往见效。长生之术，则只有方士，才能帮忙。看来，此次打击的对象是儒，重点是《诗》、《书》（《诗》、《书》，也不是全烧掉，博士所职，还可以保存）。但这时的儒生和方士并分不清楚，实际是搅在一起。始皇发怒，以致坑儒，是因为给他求仙药的人（侯生和卢生）逃走了，那入坑的四百六十余人，有多少是真正的儒生，也很难说了。

儒家的言必称尧舜，在孔子本身就处处碰壁，在政治上行不通。但儒家的参政思想很浓，非要试试不可。上述故事，是儒家在政治生活中，和别的"家"（表面看是和法家）的一次冲突较量，一次彻底的大失败。既然并立朝廷，两方发言，机会均等，即为政治斗争。后人引申为知识与政治的矛盾，或学术与政治的矛盾，那就有些夸大了。但这次事件是一个开端，以后的党锢、文字狱、廷杖等等士人的不幸遭遇，都是沿着这条路走下来的。这也算是古有明训吧！

四

政治需要知识和学术，但要求为它服务。历史上从未有过不受政治影响的学术。政治要求行得通见效快的学术。即切合当前利益的学术。也可以说它需要的是有办法的术士，而不是只能空谈的儒生。所以法家、纵横家，容易受到重任。

儒家虽热衷政治，然其言论，多不合时宜，步入这一领域，实在经历了艰难的途径。最初与方士糅杂，后通过外戚，甚至宦竖，才能接近朝廷。其主旨信仰，宣扬仍旧，其进取方式，则不断因时势而变易。既如此，就是随时吸收其他各家的长处，孔孟之道，究竟还留有多少，也就很难说了。所以司马迁论述儒家时，也只承认它的定尊卑，分等级了。

在儒学史上，真正的岩穴之士，是很少见的。有了一些知识，便求它的用途，这是很自然的。儒生在求进上，既然遇到阻力，甚至危险，聪明一些的人，就选择了其他的途径。《史记》写到的有两种人：一是像东方朔那样，身处庙堂，心为处士，虽有学识，绝

　　　　　　　　　　　　　中国文化传统是宽容的

不冒进，领到一份俸禄，过着平安的日子，别人的挖苦嘲笑，都当耳旁风。另一种则是像叔孙通这样的人。

《叔孙通列传》：

> 于是叔孙通使征鲁诸生三十余人。鲁有两生不肯行，曰："公所事者且十主，皆面谀以得亲贵。今天下初定，死者未葬，伤者未起，又欲起礼乐。礼乐所由起，积德百年而后可兴也。吾不忍为公所为。公所为不合古，吾不行。公往矣，无污我。"叔孙通笑曰："若真鄙儒也，不知时变！"

当叔孙通替刘邦定好朝仪以后：

> 于是高帝曰："吾乃今日知为皇帝之贵也。"乃拜叔孙通为太常，赐金五百斤。叔孙通因进曰："诸弟子儒生随臣久矣，与臣共为仪，愿陛下官之。"高帝悉以为郎。叔孙通出，皆以五百斤金赐诸生。诸生乃皆喜曰："叔孙生诚圣人也，知当世之要务。"

司马迁虽然用了极其讽刺的笔法，写了这位儒士诸多不堪的言词和形象，但他对叔孙通总的评价，还是：

> 希世度务，制礼进退，与时变化，卒为汉家儒宗。"大直

若诎，道固委蛇"，盖谓是乎？

这是司马迁，作为伟大历史家的通情达理之言。因为他明白：一个书生，如果要求得生存，有所建树，得到社会的承认，在现实条件下，也只能如此了。他着重点出的，是"与时变化"这四个字。这当然也是他极度感伤的言语。

汉武帝时，听信董仲舒的话，独尊儒术，罢黜百家，并不是儒家学说的胜利，是因为这些儒生，逐渐适应了政治的需要，就是都知道了"当世之要务"。

一九九〇年三月六日

中国文化传统是宽容的

读《史记》记（下）

一

司马迁在写作一篇本纪，或一篇列传时，常常在文后，叙述一下自己对这个地方，或这个人物的亲身见闻，即自己的考察、感受、体验心得，以便和写到的人和事，相互印证，互相发挥，增加正文的感染力量，增加读者的人文、文史方面的知识、兴趣。兹抄录一些如下：

余尝西至空桐，北过涿鹿，东渐于海，南浮江淮矣。至长老皆各往往称黄帝、尧、舜之处，风教固殊焉。（《五帝本纪》）

太史公曰：《诗》有之："高山仰止，景行行止。虽不能至，然心向往之。"余读孔氏书，想见其为人。适鲁，观仲尼庙堂、车服、礼器，诸

生以时习礼其家。余只回留之不能去云。(《孔子世家》)

吾尝过薛，其俗闾里率多暴桀子弟，与邹、鲁殊。问其故，曰："孟尝君招致天下任侠，奸人入薛中盖六万余家矣。"世之传孟尝君好客自喜，名不虚矣。(《孟尝君列传》)

太史公曰：吾适北边，自直道归，行观蒙恬所为秦筑长城亭障，堑山堙谷，通直道，固轻百姓力矣。(《蒙恬列传》)

有时是记一些异闻，如：

太史公曰：世言荆轲，其称太子丹之命，"天雨粟，马生角"也，太过。又言荆轲伤秦王，皆非也。始公孙季公、董生与夏无且游，具知其事，为余道之如是。(《刺客列传》)

他否定了一些关于燕太子丹和荆轲的传说。而他得到的材料，则是出自曾与夏无且交游过的人。夏无且，大家都知道，就是荆轲刺秦王，殿廷大乱的时候，用药囊投掷荆轲的那位侍医。这样，他的材料，自然就具有很大的权威性。

有时是见景生情，发一些感慨：

太史公曰：余读《离骚》、《天问》、《招魂》、《哀郢》，悲其

　　　　　　　　　　　　　中国文化传统是宽容的

志。适长沙，观屈原所自沉渊，未尝不垂涕，想见其为人。（《屈原贾生列传》）

太史公曰：吾适丰沛，问其遗老，观故萧、曹、樊哙、滕公之冢，及其素，异哉所闻！方其鼓刀屠狗卖缯之时，岂自知附骥之尾，垂名汉廷，德流子孙哉？（《樊郦滕灌列传》）

二

对历史事件，司马迁有自己的见解；对历史人物，司马迁常常流露他对这一人物的感情。这种感情的流露，常常在文章结尾处，使读者回肠荡气。这是历史家的评判。但又绝不是以主观好恶，代替客观真实。最明显的例子，是对于刘、项。在《项羽本纪》之末，司马迁流露了对项羽的极深厚的同情，甚至把项羽推崇为舜的后裔。对他的失败，表现了极大的惋惜。但项羽的失败，是历史事实。司马迁又多次写到：项羽虽然尊重读书人，但吝惜官爵；刘邦虽多次污辱读书人，对封赏很大方，"无耻者亦多归之"，终于胜利。历史著作，除占有材料，实地考察无疑也是很重要的。司马迁所到之处，都进行探寻访问，这种精神，使他的《史记》不同凡响。后人修史，就只是坐在屋里整理文字材料了，也就不会再有《史记》这样的文字。

司马迁虽有黄老思想，但在一些伦理、道德问题的判断上，还是儒家的传统。他很尊重孔子，写了《孔子世家》，又写了弟子们的传记。记下了不少孔子的逸事和名言。他也记下了老子、庄子。对韩非子的学说，他心有余痛，详细介绍了《说难》一篇。其中所谓："宽则宠名誉之人，急则用介胄之士。所养非所用，所用非所养。"今日读之，仍觉十分警策。在学术上，他是兼收并蓄的，没有成见的。析六家之长短，综六艺之精华，《史记》的思想内涵，是博大精深的。

耕堂曰：余尝怪，古时文人，为何多同情弱者、不幸者及失败者？盖彼时文人自己，亦处失意不幸之时。如已得意，则必早已腰满肠肥，终日忙于赴宴及向豪门权贵献殷勤去矣！又何暇为文章？即有文章，也必是歌功颂德，应景应时之作了。

三

耕堂曰：《史记》出，而后人称司马迁有史才。然史才，甚难言矣。班固"实录"之论，当然正确，亦是书成后，就书立论，并未就史才形成之基础，作全面叙述。

文才不难得，代代有之。史才则甚难得。自班、马以后，所谓正史，已有廿余种，部头越来越大，而其史学价值，则越来越低。这些著述多据朝廷实录，实录非可全信，所需者为笔削之才。自异代修史，成为通例以来，诸史之领衔者，官高爵显；修撰者，济济多士，然能称为史才者，则甚寥寥。因多层编制，多人负责，实已

中国文化传统是宽容的

无人负责。褒贬一出于皇命，哪里还谈得上史德、史才！

我以为史才之基础为史德，即史学之良心。良心一词甚抽象，然正如艺术家的良心一词之于艺术，只有它，才能表示出那种认真负责的精神。

司马谈在临死时，告诉儿子：

"今汉兴，海内一统。明主贤君忠臣死义之士，余为太史而弗论载，废天下之史文，余甚惧焉，汝其念哉！"迁俯首流涕曰："小子不敏……"

这就是父子两代，史学良心的发现和表露。

用现在的名词说，就是史学的职业道德。这种道德，近年来不知有所淡化否，如有，我们应该把它呼唤回来。

史学道德的第一条，就是求实。第二就是忘我。

写历史，是为了后人，也是为了前人，前人和后人，需要的都是真实两个字。前人，不只好人愿意留下真实的记载和形象；坏人，也希望留下真实的记载和形象。夸大或缩小，都是对历史人物的污蔑，都是作者本身的耻辱。慎哉，不可不察也。

史才的表现，非同文才的表现。它第一要求内容的真实；第二要求文字的简练。史学著作，能否吸引人，是否能传世，高低之分全在这两点。司马贞在《史记索隐后序》中，称赞司马迁："其人好奇而词省，故事核而文微。""事核"就是真实；"词省"、"文微"，就是简练。

添油加醋，添枝加叶，把一分材料，写成十分，乱加描写，延长叙述，投其所好，取悦当世，把干菜泡成水菜等等办法，只能减少作品的真正分量，降低作者的著述声誉。

至于有意歪曲，着眼势利，那就更是史笔的下流了。

今有所谓纪实文学一说。纪实则为历史；文学即为创作。过去有演义小说，然所据为历史著作，非现实材料。现在把历史与创作混在一起，责其不实，则诡称文学；责其不文，则托言纪实。实顾此失彼，自相矛盾，两不可能也。

所谓忘我，就是忘记名利，忘记利害，忘记好恶，忘记私情。客观表现历史，对人对己，都采取"死后是非乃定"的态度。

当代人写当代事，牵扯太多，实在困难。不完全跳出圈外，就难以写好。沈约《宋书·自序》说：

> 进由时旨，退傍世情，垂之方来，难以取信。事属当时，多非实录。

班固能撰《汉书》，是史学大家。据说他写的"当代史料"，几不可读。这就是刘知幾说的"拘于时"的著作，不易写好。

能撰写好前代史传，而撰写不好当代的事，这叫"拘于时"。而司马迁从黄帝写到汉武帝，从古到今，片言只字，人皆以为信史。班固的《汉书》，有半部是抄录《史记》。就不用说，后代史学

　　　　　　　　　　　　　中国文化传统是宽容的

界对他的仰慕了。这源于他萌发了史学的良心。

四

我有暇读了一些当代人所写的史料。其写作动机，为存史实者少，为个人名利者多。道听途说，互相抄袭，以讹传讹，并扩张之。强写伟人、名人，炫耀自己；拉长文章，多换稿费。有的胡编乱造，实是玷污名人。而名人多已年老，或已死去，没有精力，也没有机会，去阅读那些大小报刊，无聊文字，即使看到，也不便或不屑去更正辩驳。如此，这些人就更无忌惮。这还事小，如果以后，真的有人，不明真伪，采作史料，贻害后人，那就造孽太大了。

这是我的杞忧。其实，各行各业，都有见要人就巴结，见名人就吹捧的角色。各行各业，都有靠山吃山，靠水吃水的人。有时是帮忙，多数是帮闲，有时是吹喇叭，有时是敲边鼓。你得意时，他给你脸上搽粉；你失意时，他给你脸上抹黑。

但历史如江河，其浪滔滔，必将扫除一切污秽，淘尽一切泥沙。剥去一切伪装，削去一切芜词。黑者自黑，白者自白。伟者自伟，卑者自卑。各行各业，都有玩闹者，也不乏严肃工作的人。历史，将依靠他们的筛选、澄清，显露出各个事件，各个人物本来的面目。

一九九〇年三月九日写讫

读《史记》记（跋）

清人有关《史记》之著述甚多，多为读书笔记。最有名者，为王念孙、王引之父子之《读书杂志》。我有金陵书局刻本。此书，我在中学读书时，谢老师即为介绍，极为推崇。然中学生《史记》原书，尚未读懂，更未全读。此师以己之所好，推及于学生，实无的放矢也。今日读之，兴趣亦寡。序言，略有情致，其他皆个别文字之考证，甚枯燥无味。我尚购有王鸣盛、钱大昕、赵翼之著作，皆为中华书局近年排印本。其治学方法与王氏同，亦皆未细读，近人整理的郭嵩焘之《史记札记》，考据之外，还有些新意。一个时代，有一个时代的治学方法，治学爱好，终生孜孜，流连忘返。这种意趣，后人是难以想象的。此后，鲁迅先生于《史记》研究，颇有新的见解，惜《汉文学史纲要》一书中，论及司马迁者，文字不多。

其实，《史记》有集解、索隐、正义，再加上乾隆四年校刊时之考证，对于读这部书，文义上的理解，文字上的辨认，也就可以了。再多，只能添乱，

中国文化传统是宽容的

于读原书，并无多大好处。所以，我读古书，总是采取硬读、反复读的笨法子，以求通解。

我有两种《史记》：一为涵芬楼民国五年影印武英殿本，一为中华书局《四部备要》本，此本也是据武英殿本排印的，余虑其有误植，故参照影印本。这两种本子，拿放都很轻便，字大清楚，便于老人阅读。

我没有购买中华书局近年标点的本子。我用的本子，都没有断句，更没有标点。此次引文，标点都是我试加的，容有错误。发表前，请张金池同志，逐条参照中华标点本，以求改正。这是很麻烦的事，应当感谢。

我以为：读书应首先得其大旨，即作者之经历及用心。然后，就其文字内容，考察其实学，以及由此而产生之作家风格。我这种主张，不只自用于文学作品，亦自用于史学著作。至于个别字句之考释，乃读书之末节。

黄卷青灯，心参默诵，是我的读书习惯。此次读《史记》，仍旧用这种办法。然而究竟是老了，昨夜读到哪里，今夜已不省记。读时有些心得，稍纵即又忘记。欲再寻觅，必需检书重读，事倍而功半。

但还是读下去，每晚躺在床上，读一卷，或仅读数页。本纪、世家、列传，及卷首卷尾部分，总算粗读一过。其他，实仍未读也。回忆自初中时，买一部《史记菁华录》，初识此书。时至今日，用功仅仅如此，时间之长，与收获之少，可使人惭愧。读书，读书，一个人的一生，究竟能真正读多少好书，只能自己心中有数了。

至于行文之时，每每涉及当前实况，则为鄙人故习，明知其不可，而不易改变者也。

一九九〇年三月十一日晨记

　　　　　　　　　　　　　　　中国文化传统是宽容的

家贫好读书，不治产业，常艾（读刈）薪樵卖以给食，担束薪行且诵书。其妻亦负戴相随，数止买臣毋歌呕（讴）道中，买臣愈益疾歌。妻羞之，求去。买臣笑曰："我年五十当富贵，今已四十余矣，汝苦日久，待我富贵报汝功。"妻恚怒曰："如公等终饿死沟中耳，何能富贵？"买臣不能留，即听去。

以上，是夫妻离异之因。其后，买臣独行歌道中，负薪墓间。故妻与夫家俱上冢，见买臣饿寒，呼饭饮之。

以上，说明其妻对买臣仍有情义。其后，上拜买臣为会稽太守，荣归故乡：

会稽闻太守且至，发民除道，县吏并送迎，车百余乘。入吴界，见其故妻、妻夫治道，买臣驻车，呼令后车载其夫妻到太守舍，置园中给食之。居一月，妻自经死。买臣乞其夫钱令葬。

耕堂曰：此京剧"马前泼水"之故事根据也。此剧演出，使朱买臣之名家喻户晓，其妻遂亦在群众心目中成为极不堪之形象。然细思之，此实一冤案也。

夫妻一同劳动，朱买臣干多干少，还是小事。在大街小巷，稠人广众之中，一边挑着柴担，一边吟哦诗书，这不是出洋相吗？好羞臊的妇女人家，哪里受得了？劝告你，不喊叫了也罢，却"愈益疾歌"，这不是存心斗气吗？嫁汉嫁汉，穿衣吃饭。跟着你，既然饥饿难挨，又当众出丑，且好心相劝，屡教不改，女方提出离异，我看完全是有道理的，有根据的。而且，以后见朱买臣饥寒，还对他进行帮助，证明这位妇女，很富同情心、慈善心，品质性格还是不错的。

而朱买臣做官以后的举动，表面看来很宽容，却大有可议之处。羞耻之心，人皆有之，何况是在封建时代？又何况是一个弱小女子？在很多修路工人面前，把她和她的丈夫，载在官车上，拉到府中，安置在花园里。这不是优待，确是一种别有用心的精神镇压，心理迫害。在这样的环境中、心情中，她如何能活得下去？所以她终于自经了。

这种叫别人看来，是糊里糊涂死亡的例子，在封建时代，是举不胜举的。

朱买臣后来也没得好下场。他告别人的密，皇帝把那个人杀了。后来也把朱买臣杀了。

一九九〇年十一月二十五日

卷六十四,《严助传》:

司马相如的时代背景。

是时征伐四夷,开置边郡,军旅数发,内改制度,朝廷多事,屡举贤良文学之士。公孙弘起徒步,数年至丞相,开东阁,延贤人,与谋议。……其尤亲幸者:东方朔、枚皋、严助、吾丘寿王、司马相如。相如常称疾避事,朔、皋不根持论,上颇俳优畜之。唯助与寿王见任用,而助最先进。

以上,说明司马相如进入官场,同伴数人,表现各有不同,朝廷待遇也不一样。东方朔和枚皋,因"议论委随,不能持正,如树木之无根柢"(颜师古注),而被轻视。严助、吾丘寿王,勇于任事,虽被重用,而后来都被杀、被族。司马相如的表现,却是"常称疾避事"。这是他的特点。

但如果一点事也不给朝廷做，汉武帝也不能容他。他曾以很高贵的身份，出使巴蜀，任务完成得不错。

又据本传：

> 后有人上书，言相如使时受金，失官。居岁余，复召为郎。相如口吃，而善著书，常有消渴病，与卓氏婚，饶于财。故其事宦，未尝肯与公卿国家之事。常称疾闲居，不慕官爵。

以上，说明司马相如既有生理上的缺陷，又有疾病的折磨。家境不错，不像那些穷愁士子，一旦走入官场，便得意忘形，急进起来。另外，他有自知之明，以为自己并非做官的材料。像严助等人，必须具备如下的条件：既有深文之心计，又有口舌之辩才。这两样，他都不行，所以就知难而退，专心著书了。

他也不像一些文人，无能为，不通事务，只是一个书呆子模样。他有生活能力。他能交游，能任朝廷使节，会弹琴，能恋爱，能干个体户，经营饮食业，甘当灶下工。这些，都是很不容易的，证明他确是一个多才多艺的人。一个典型的、合乎中国历史、中国国情的，非常出色的，百代不衰的大作家！

《前汉书》用了特大的篇幅，保存了他那些著名的文章。班固对他评价很高，反驳了杨雄对他的不公正批评。

但他也并不重视自己的那些著作。本传称：

　　　　　　　　　　　　中国文化传统是宽容的

而相如已死，家无遗书。问其妻，对曰："长卿未尝有书也。时时著书，人又取去。"

耕堂曰：司马相如之为人，虽然不能说堪作后世楷模，但他在处理个人与环境、个人与时代、文艺与政治、歌颂与批评等等重大问题方面，我认为是无可非议的，值得参考的。

一九九〇年十一月二十六日

读《后汉书》小引

任何事情，都难以预料。比如历史吧，前汉的刘邦，不事生产，后来做了皇帝；后汉的刘秀，一心事田业，后来也做了皇帝。于是历史学家就说，光武皇帝本来胸无大志，为人平平，他之所以成功，完全是机遇。比起汉高祖，他太渺小了。

这也许是事实。我读《后汉书·光武本纪》，就遇不到像《史记·高祖本纪》中那些惊心动魄的故事，总提不起精神来。

这部中华书局聚珍版的《后汉书》，原是进城初期买的，想不到竟成了我老年的伙伴。它是线装大字本，把持省力，舒卷方便。走着、坐着、躺着，都能看。我很喜爱它，并私心庆幸购存了这么一部书。

但近几年来，拿拿放放，总读不下去。去年打开了，结果只写了一篇关于著者范晔的读书笔记，又放下了。今年夏天又打开，有了些进展，本纪算读完了，没有什么收获。后纪也读了，知道一些女人专政的故事。接着是"志"。志分：律历，礼仪，祭祀，天

　　　　　　　　　中国文化传统是宽容的

文，五行，郡国，百官，舆服。这都是专门的学问，也读不懂，几乎是翻过去了。

下面才是列传。这是史书的中坚部分，应该细读。

列传，前边都是大人物。我发见后汉开端时的人物，光武那些功臣，和汉高祖时不同。他们多是一些宦家子弟，都读过一些书，甚至做过小官，有些政治经验。像马武那样的草莽之人很少。

这是经过西汉很长时期的休养生息、文化教育的结果。

例如邓禹，"年十三能诵《诗》"。寇恂，"初为郡功曹"。冯异，"好读书，通《左氏春秋》、《孙子兵法》"。岑彭，"王莽时守本县长"。贾复，"少好学，习《尚书》"。吴汉，"家贫，给事县为亭长"。盖延，"历郡列掾，州从事"。陈俊，"少为郡吏"……

光武也读书，"乃之长安，受《尚书》，略通大义"。这样一个领导集团，驱使或对付那些乌合之众，自有它的优胜之处。

但在这些功臣传记里，我还是读不出个所以然来。读到列传第十三《窦融传》，才渐入佳境。写得最好的，是它后面《马援传》。

我们知道，范氏的《后汉书》，是根据好多种《后汉书》写成的。《马援传》的原始材料，可能就写得好。马援是东汉的一个名人，事迹当然不少，但人以文传，还得有人给他写好才行。

耕堂曰：我读《二十四史》，常常有一史不如一史，每况愈下之感。这虽然不能说就是九斤观点，至少也违反进化论。每代都是先有史实，然后有史才，加以撰述。有时有重大史实，而无相当史才，加以发挥；有时虽有史才，而无重大史实，可供撰述。此遇与不遇，万事皆然，非独创作。班、马之作，已成千古绝唱，再想有类似作品，实已困难。艺术一事，实在是有千古一人的规律，中外皆然，不可勉强。

平心论史，各史皆有其长。即如《后汉》一书，范晔之才，亦难得矣。他的语言简洁，记事周详，有班固之风，论赞折中，而无偏激之失，亦班氏家法。时有弦外之音，虽不能与司马迁相比，亦非后史所多见。范氏在自序中，对自己的论赞，颇为得意，不是没有根据的。这部书，一直列为史学经典，也不是没有原因的。

惜我年老精衰，读书已无计划。加以记忆模糊，边读边忘。旷日持久，所得无多，甚感愧对此书耳。

现将读书时零碎心得，粗记如下，供同好者参考。

一九九一年十二月二十一日

中国文化传统是宽容的

桓谭的父亲，西汉成帝时为太乐令，是个管音乐的官。谭因此也好音乐，善鼓琴，嗜倡乐。他还遍习《五经》，能文章，常和刘歆、杨雄等人辨析疑异。他为人简易，不修威仪，好非毁俗儒，因此多被排挤。哀、平间，他的官位，不过是个"郎"。

他也有些见识，他认识傅皇后的父亲傅晏。当时傅皇后失宠，傅晏处境很不好。桓谭给他作了两项建议：一是请傅晏背地告诉女儿，千万不要因为嫉妒，"驱使医巫，外求方技"。二是傅晏本人，要"谢遣门徒，务执谦悫"。傅晏照办，终于保住了一家人的平安。

另外，在王莽掌权时，"天下之士，莫不竞褒称德美，作符命，以求容媚。谭独自守，默然无言"。这在当时，就很不容易了。

光武皇帝即位，他曾"上书言事，失旨不用"。后来大司空宋弘荐他为"议郎给事中"，他又"上书陈时政"。其中有一段是反对"图谶"，另一段是说皇帝用兵不当。触犯了大忌，皇帝非常不高兴。

谁都知道，光武帝是靠图谶起家的。而这个图谶是光武在长安时一个"同舍生"捏造的。其词为："刘秀发兵捕不道，四夷云集龙斗野，四七之际火为主。"不只言词粗鄙，而且作伪显然。但当时群臣都说："受命之符，人应为大。万里合信，不议同情。周之白鱼，曷足比焉！"（卷一《光武纪》）现在皇帝已经坐稳了，而桓谭竟说图谶不可信，这真是书呆子的头脑发昏了。

于是悲剧开始：

> 其后有诏会议灵台所处。帝谓谭曰："吾欲谶决之，何如？"谭默然良久曰："臣不读谶。"帝问其故，谭复极言谶之非经。帝大怒曰："桓谭非圣无法，将下斩之！"谭叩头流血，良久乃得解。出为六安郡丞，意忽忽不乐，道病卒，时年七十余。

耕堂曰：皇帝召集的这次会议，如果说是一种预谋，是"引蛇出洞"，恐怕也不是瞎猜。他心里先有了一个"不悦"，然后指名问桓谭："如何？"如果桓谭聪明些，对答一个"臣以为很好"，这悲剧也许就无从发生。桓谭还是犹豫了一下的，这一犹豫，即是"默然良久"，本来是他的一个生命转机。但皇帝又接着来了一个"问其故"。桓谭沉不住气，又犯了老病，"复极言"起来，就中了皇帝的圈套，自己走上了死亡之途。他中《五经》之毒太深，以为皇帝总不会不相信《五经》。这是他的一个大错误！不错，皇帝有时信《五经》，但在当前，他更信图谶！桓谭得罪后，"忽忽不乐"，是对自己这一次失言的无可挽回的痛惜！更使人惋惜的是，他本来是一个音乐家，他本来可以伴音乐而始终，平安度日。他做的官，是给事中，是皇帝身边的一个小官，皇帝喜欢他弹琴，关系处得并不错。如果就这样干下去说不定还会得到皇帝的宠爱，享受荣华富贵哩。

可惜的是，他那位荐举人宋弘，也是一个古板守旧的人。他见桓谭常常给皇帝弹琴，皇帝又喜爱"繁声"，他就非常不高兴。他召见桓谭，非常严厉地教训了他一顿。说荐他来是"辅国家以道德"的，不是叫他演奏流行歌曲。要治他的罪。这样，当桓谭再为皇帝弹琴时，一看见宋弘，就神色大变，很不自然，以致皇帝后来就不再叫他弹琴了。

桓谭自此以为应"忠正导主"，就屡屡上书言事。皇帝一想，你不过是个"倡优"，也敢如此，就恨上他了。这也是桓谭无自知之明，忘记了自己的身份和在皇帝眼中的地位。

同朝中，有一个叫郑兴的，就比桓谭聪明些：

> 帝尝问兴郊祀事，曰："吾欲以谶断之，何如？"兴对曰："臣不为谶。"帝怒曰："卿之不为谶，非之邪？"兴惶恐曰："臣于书，有所未学，而无所非也。"帝意乃解。（卷六十六《郑兴传》）

和皇帝对答，可不是小事，郑兴如果不说这样滑头的话，就会有桓谭同样的下场。

　　桓谭还著有《新论》一书，共二十九篇，多言"当世行事"，大部都不存。《书目答问补正》说有《说郛》本，我有张宗祥抄本《说郛》，但多次查阅，都没有找到。

一九九一年十二月十日

　　　　　　　　　　　中国文化传统是宽容的

传称："衍幼有奇才，年九岁，能诵《诗》。至二十而博通群书。"他原来忠于更始，很晚才归顺光武。光武对他没有兴趣，又有人谗毁他，得不到重用。

冯衍自己有个想法。他说古代有个故事：有人挑逗两个女子，长者骂他，幼者顺从。他选了长者为妻。他以为皇帝用人，也应该这样，不要摒弃反对过自己的人。这个想法太浪漫了。他屡次上疏陈情，光武终以"前过不用"；"显宗即位，又多短衍，以文过其实，遂废于家"。

耕堂曰："文过其实"，是什么意思呢？不过是指冯衍的为人并不像他写的文章那样好。这是可能的。很多文人，都不能用他的行实，同他的文字相比照。文章是做出来的，是代圣人立言，当然是正确的。一个人的行为，就很难说。它是一个人，一生之中的多种表现。是充满变化和矛盾的，要受社会现实、时代风尚的影响。"名不副实"，或"文过其实"，是历史的，自然普遍的现象。

另外，"文过其实"，文章还是被肯定的。本传保存下来的，冯衍的几篇文章，从文字、见识、学问来看，就不是一般人所能做得出来的。

历史上，又常常有这样一种现象：本来，这个人的文章无可观，行为不足称，却不知为了什么，为当时权贵所重视，为小人所吹嘘。过不了几年，又证实：这个人，这个人的文章，这种重视，这些吹嘘，不过是一个连锁性的骗局。这当然不能叫做"实过其文"，只能说是文、实两空。在人民道德、文化素质普遍下降的时期，这种"人文"现象，是屡见不鲜的。

冯衍的为人，确是言行不一，文实相违。他一方面，在言志时，反复申述："游精神于大宅兮，抗玄妙之常操；处清静以养志兮，实吾心之所乐。"一方面，又不安于贫贱，向皇帝求情不得，又频频给权贵上书，请求支援，帮他找个官位。言辞卑微，和文章大相径庭。

既无治国的机会，也没有"齐家"的办法。他两次离婚，名誉受损。第一次，只是因为他的夫人不让他纳妾。他非常气愤，在给妇弟的信中，竟胡言乱语地说："不去此妇，则家不宁；不去此妇，则家不清；不去此妇，则福不生；不去此妇，则事不成。"好像他的失败，都由于妇人。

休妻后，又娶了一个，这个更厉害，差一点没有把前妻留下的儿子毒死。结果又散了。只好自叹："贫而不衰，贱而不恨。年虽疲曳，犹庶几名贤之风，修道德于幽冥之路。"

中国文化传统是宽容的

他的命运，也只能说是不逢时，并不完全是自身的过错，还是值得同情的，应该原谅的。

耕堂曰：古之所谓少年奇才，因专心读书，遂丧失生活技能。即俗话所说，肩不能担担，手不能提篮。既不能耕，又不能牧。只剩"学而优则仕"一窄途。仕有遇，有不遇；有达，有不达。要看社会环境，要分时代治乱。所以说，士人的命运和前途，是很不乐观的。

"惟吾志之所庶兮，固与俗其不同；既偶傥而高引兮，愿观其从容。"这样说说，或是写写，都是容易做到的。如果遇到衣食不继，或子女号寒，甚至老婆闹着要离婚的时候，那就得另谋出路了。

即使还没有闹到这种地步，念了若干年书，又被人称做"奇才"，也是不甘清苦的。他会看到比他得志的人，吃的什么，穿的什么，住的什么，坐的什么。为什么他能这样，我就不能呢？他是怎样得到的呢？我不会学习着来试试吗？于是冯衍之所为，就无需责怪了。

一九九一年十二月十六日

传末，范晔论曰：

　　司马迁、班固父子，其言史官载籍之作，大义粲然著矣。议者咸称，二子有良史之才。迁文直而事核；固文赡而事详。若固之序事，不激诡，不抑抗，赡而不秽，详而有体，使读之者，亹亹而不厌，信哉其能成名也。

耕堂曰：范蔚宗之论班固，已成定论。其所谓"不激诡，不抑抗"，就是对人、对事，不作主观的扬或毁，退或进。客观地记述其本来。这在史学上，是一个准则。

古来论述班、马异同者，甚众。然多皮毛之见，又多出于个人爱好。范氏对两人的两句评语，实在明确恰当。

传载：

　　　　　　　　　　　　　中国文化传统是宽容的

班固，"年九岁，能属文，诵诗赋，及长，遂博贯载籍，九流百家之言，无不穷究。所学无常师，不为章句，举大义而已。性宽和容众，不以才能高人，诸儒以此慕之"。

他的《汉书》：

固自永平中始受诏，潜精积思二十余年，至建初中乃成。当世甚重其书，学者莫不讽诵焉。

传中保存了他写的几篇文章。其中《两都赋》的主题是："盛称洛邑制度之美，以折西宾淫侈之论。"《典引篇》的主题是："述叙汉德。"此外《窦宪传》里还保存了一篇《燕然山铭》。

班固的一生，他的全部著作，包括《汉书》，都是为政治服务的，是为一朝一姓服务的。

古代没有"为政治服务"这个口号，也没有人提出过这样的要求。但在中国古代文献中，存在大量为政治服务的作品。不是间接服务，而是直接服务。也没有人讳言或轻视为政治服务。文人都是自觉自愿的。这说明，文学可以为政治服务，文学和政治的这种关系，自古以来，就是很自然的。

自从有了这个要求，有了这个口号，问题就来了，议论也就多了。近的不说，稍远的有三十年代，成仿吾与鲁迅，钱杏邨与茅盾，左联与"第三种人"，越到后来，越是争论不休。前几年，把这个口号变通了一下，还是有争论。这就叫：有口号，就有争论。

世界上，当然有不为政治服务的艺术。但近代历史，也在不断证明：一些大声疾呼"艺术圣洁"的人，常常又是另一种政治的热烈追求者。差不多在他们反对文艺为政治服务的同时，他们的作品，已经成为他们在政治生活中的进身之阶。不只为"政治"服了务，也为经济服了务，使他们能够大发其财！

只要作家本人，不能完全与政治无关，那么文艺作品，就不能完全与政治无关。文艺为政治服务，并不一定就粗糙，就没有价值。不为政治服务，也不一定就高尚，就值钱。这要视作家而定。班固的作品，不是在永远流传吗？

关于班固和司马迁的比较，我也有些浅见。我以为，其不同之处有：

（一）家学、经历、气质之不同。司马谈和班彪留给儿子的思想遗产，并不相同。司马迁的任务是要继承《春秋》的事业；班固的任务，是整齐西汉一代之书。在为本朝服务这一点上，班固的思想比司马迁明确得多。司马迁在遭到不幸之后，生理和心理都造成很大伤害。这不能不影响他的思想、感情，甚至精神、意识。文学是精神的产物，我们很难估计，这一不幸，在司马迁文学事业上的作用和影响。班固固然也遇到过不幸，但他在第一次入狱时，却因祸得福。著作得以上达朝廷，自己也弄了个兰台令史的官儿，有了个很好的写作学习的环境。

（二）两个人的哲学思想不同。哲学思想是一切著作的基础，史学、文学均同。司马迁的哲学思想，很大成分是黄老，而班固则是儒家，并且是经过汉代大儒发掘、整理过的，训诂、章句过的儒家思想。司马迁作《史记》，几乎没有政治目的，没有想到要为谁服务。他写秦、项和写刘邦，态度是一样的。而班固作《汉书》，政治目的很明确，就是为了表彰汉德。

其相同之处为结局悲惨。然此中亦有分别。司马迁的悲惨在成书之前，而班固的悲惨在成书以后。

这两位文人之不幸，在于只熟悉历史，而不了解现实。深信圣人之言，而泥古不化。处官场而不谙宦情。因此，其伤亡也，皆在国家政治动荡，权贵剧烈倾轧之际。文人不知修检，偶以言语及生活细故，遂罹大难，为可伤矣！

范晔论曰："固伤迁博物洽闻，不能以智免极刑。然亦身陷大戮，智及之而不能守之。呜呼，古人所以致论于目睫也！"范氏之言是矣，然彼亦终未能自全，言不旋踵，而身验之，此又何故欤！

一九九一年十二月十九日

在小引中，我说《马援传》写得最好，其理由有三：

一、这篇传记，写了马援的一生，包括他的言行，他的政治活动，他的文事武功。写出了这个人的为人风格和一些精彩的言论。以上写得都很具体、生动，给人留下鲜明的印象。最后写了他奉命征五溪，师老无功，且遭马武等人的谗毁，以致死后都不能"丧还旧茔"。给这个人物增加了悲剧色彩，使读者回味无穷。

二、马援与光武、隗嚣、公孙述，都有交往。这是当时互相抗衡的三种势力。传记通过写马援，同时也写了三个人的为人、行事、政治和军事上的见识和能力。传记用对比的手法：

> 援素与述同里闬，相善。以为既至，当握手欢如平生。而述盛陈陛卫，以延援入，交拜礼毕，使出就馆。更为援制都布单衣，交让冠，会

百官于宗庙中，立旧交之位。述鸾旗旄骑，警跸就车，磬折而入，礼飨官属甚盛。

下面紧接着，写光武如何接见马援：

援至，引见于宣德殿。世祖迎，笑谓援曰："卿遨游二帝间，今见卿，使人大惭。"援顿首辞谢，因曰："当今之世，非独君择臣也，臣亦择君矣。臣与公孙述同县，少相善，臣前至蜀，述陛戟而后进。臣今远来，陛下何知非刺客奸人，而简易若是？"帝复笑曰："卿非刺客，顾说客耳。"

后面，又紧接着，写马援与隗嚣的一段对话，使隗嚣的形象，跃然纸上。

三段文字，写得自然紧凑，而当时的政治形势，胜败前景，已大体分明，这是很高明的剪裁手法。写人物，单独刻画，不如把人物放在人际关系之中，写来收效更大。

三、记录马援的日常谈话，来表现这一人物的性格、志向、见识。

封援为新息侯，食邑三千户。从容谓官属曰："吾从弟少游，常哀吾慷慨多大志，曰：'士生一世，但取衣食裁足，乘下泽车，御款段马，为郡掾吏，守坟墓，乡里称善人，斯可矣。致求盈余，但自苦耳。'当吾在浪泊西里间，虏未灭之时，下潦上雾，毒气重蒸，仰视飞鸢跕跕坠水中，卧念少游平生时语，何可得也！"

马援确是一个"说客"，他说话非常漂亮，有哲理。"闲于进对，尤善述前世行事。""闻者莫不属耳忘倦。"他的《诫侄书》尤有名，几乎家传户晓。像"穷当益坚，老当益壮"这些成语，都是他留下来的。他言行一致，年六十岁，还上马给皇帝看看哩！

但据我看，光武对他一直不太信任，就因为他原是隗嚣的人。过来后，光武并没有重用他，直至来歙举荐，才封他为陇西太守。晚年之所以谗毁易人，也是因为他原非光武嫡系。

他兴趣很广泛，能经营田牧，还善相马。他留下的《铜马相法》，是很科学的一篇马经。

但好的传记，末尾还需要有一段好的论赞，才能使文气充足。范晔论马援："然其戒人之祸，智矣，而不能自免于谗隙。岂功名之际，理固然乎？"

耕堂曰：马援口辩，有纵横家之才，齐家修身，仍为儒家之道。好大喜功，又备兵家无前之勇。其才智为人，在光武诸将中，实为佼佼者。然仍不免晚年悲剧。范晔所言，是矣。功名之际，如处江河漩涡之中。即远居边缘，无志竞逐者，尚难免被波及，不能自主沉浮。况处于中心，声誉日隆，易招疑忌者乎？虽智者不能免矣。

中国文化传统是宽容的

至于范氏说的：

夫利不在身，以之谋事则智；虑不私己，以之断义必厉。诚能回观物之智，而为反身之察，若施之于人，则能恕；自鉴其情，亦明矣。

这种话，虽然说得很精辟，对人，却有点求全责备的意思了。

一九九一年十二月二十四日

两汉经学大盛。但《春秋左传》一经，并得不到共识。从西汉末年，就为是否为《左传》立博士，争论不休。所谓"立博士"，就是得到皇帝的承认，成为国家的一种学科。东汉初年，博士范升对《左传》持否定态度，他在光武帝亲自主持的讨论会上说：

> 《左氏》不祖孔子，而出于丘明。师徒相传，又无其人。且非先帝所存，无因得立。（同卷《范升传》）

他条奏"《左氏》之失，凡十四事"。和他辩论的人说：太史公多引《左氏》。他又"上太史公违戾五经谬孔子言，及《左氏春秋》不可录，三十一事"。

学者陈元，则主张《左传》应立博士。他说范升的言论，不过是"断截小文，媟黩微词"。"所谓小辩破言，小言破道者也。"

皇帝又叫他和范升辩论，他占了上风。"帝卒立

《左氏》学，太常选博士四人。"但诸儒"论议讙哗"，不久，"《左氏》复废"。

贾逵的父亲贾徽，从"刘歆受《左氏春秋》"。"逵悉传父业，尤明《左氏传》、《国语》，为之解诂五十一篇。永平中，上疏献之。显宗重其书，写藏秘馆。"后来，他又给皇帝作了一篇《神鸟颂》。

肃宗时，他"摘出《左氏》三十事，尤著明者。斯皆君臣之正义，父子之纪纲"。给皇帝看。然后又说"《左氏》与图谶合"。更重要的一点论据是："五经家皆无以证图谶，明刘氏为尧后者，而《左氏》独有明文。"

这就一矢中的：

> 书奏，帝嘉之。赐布五百匹，衣一袭。令逵自选公羊严颜诸生高才者二十人，教以《左氏》。

从此，《春秋左传》一经的地位，就牢固地确立了。贾逵实为《左氏》功臣。

耕堂曰：学术受政治制约。此余幼年所学，至今不容变异。以上史实凿凿，亦非晚近新潮所能打破。学术受政治制约，首先表现为学者受政治约束。郑玄一代大儒，八方仰慕。当病重时，袁绍一命，逼玄随军，他就不得不载病而行，死于路途。学者不能离政治而自由，而能产生自由的学术，这就是梦话。

且一经之立，非只关系一经，能广泛流传。精熟此经者，可得立为博士。博士也是一种官位，可得诸多好处。我们不能把贾逵的这种做法，单纯看做是迎合，投机。因为皇帝选用人才、学术，主要是看能否为当前政治服务。贾逵所谈，多为"安上理民"之策，与皇帝的希望正相合，就容易被接受。左氏的整个著作，也沾了光，随之大行于世。这和一些儒家主张为人要委蛇行事，以求通显，道理是一样的。无可厚非。

但范晔并不这样看，他说：

> 郑、贾之学，行乎数百年中，遂为诸儒宗，亦徒有以焉尔！桓谭以不善谶流亡，郑兴以逊辞仅免。贾逵能附会文致，最差贵显。世主以此论学，悲矣哉！

好像我以上的看法太庸俗了。范晔是一个理想主义者。

理想终归是理想，在历史上，从来没有实现过。

另外，学术也不等于政治。有些大儒，固然因学术而显达，在政治上顺利。有的却不是做大官的材料。郑玄虽然那样用功，学术成就那样大，但看来他性情有些孤僻，不愿做官。也可能是感到，自己做不来。他说："别人都去做了大官，吾自忖度，无任于此。但念述先圣之元意，思整百家之不齐，亦庶几以竭吾才。"他是有自知之明的，也是有识见的，因为当时天下已大乱。

范升争论得那样凶，后来为"出妻所告，坐系。得出，还乡里。永平中，为聊城令，坐事免，卒于家"。官做得很小，时间又

中国文化传统是宽容的

很短。

贾逵，"然不修小节，当世以此颇讥焉，故不至大官"。

耕堂曰：凡以知识学术干政者，贾逵可为师法矣。回忆"四人帮"时期，思想、文化界，此种人不少。率皆从经典中，寻章摘句，牵强附会，以合时势。迹其用心，盖下贾逵一等。其中，自然有人系迫不得已。但主动逢迎者，为多数。文艺创作亦如此。其作品，太露骨者，固已不为人齿，然亦有人，由此步入作家行列，几经翻滚，终于成为"名家"。此亦如范晔所言："徒有以焉尔！"这个词儿很新鲜，也很俏皮。意思是说：也不过就是那么回子事罢了！

一九九一年十二月二十九日

古代主张绝交的人，大都性情孤僻。或处境不佳，遭遇悲惨。心情极度不好时，才这样做。

例如东汉的朱穆，就写过一篇《矫时》的绝交论。其中有"绝存问，不见客，亦不答也"这样不通人情的句子。

后来，著名学者蔡邕，以为朱穆这种见解是"贞而孤"。就是狭窄，偏激，不开明。"又作正交以广其志。"蔡邕论交的主旨为：

> 盖朋友之道，有义则合，无义则离。善则久要不忘平生之言；恶则忠告善诲之，否则止，无自辱焉。故君子不为可弃之行，不患人之遗己也。信有可归之德，不病人之远己也。

《后汉书》的作者范晔，在《朱穆传》的后面，就交友问题，发了很长的议论。他引证了古来交友，正、反两方面的史实和教训，重申了孔子、老子两位圣哲对友道的主张，列举了当时一些善于交友的人物。

我以为，蔡氏和范氏的论述，很全面，也很正确，实在无懈可击。也正因为这样，他们的话，等于没有说。交朋友，是一种社会现象。人既不能脱离社会而生存，就像必须娶妻生子一样，交结朋友。但每个人的生活方式，每个人的生活能力，并不相同。所处时代、环境，也不一样。要求每人对待友道，持相同观点，是不可能的。

关于交友，孔子都说过了。"泛爱众而亲仁"，"以文会友，以友辅仁"，"益者三友"，是其要点，是千古不刊之论。

为什么在圣人门徒中间，又有很多人主张绝交呢？就是因为我前面所说的那些复杂情况。有些人生活能力差，应付能力小。想离群索居，又怕没有粥喝。想得到一时一刻的心境平衡，于是想到了绝交。朱穆所为，正是如此。他在梁冀这种人手下工作，劝说又不听。环境恶劣，前景茫茫，只能如此了。

他这个人，还有天生的病态：

> 及壮，耽学。锐意讲诵，或时思至不自知。忘失衣冠，颠坠坑岸。其父常以为专愚，几不知数马足。

这样的人，你叫他广交朋友，应付自如，岂不是赶鸭子上架吗？他终于"愤懑发疽"而亡。

但有人，生理、心理都正常，通达世情，并热心公益，乐于帮助他人，对交友也持消极态度。这就值得注意了。

《后汉书卷五十七·王丹传》：

> 丹子有同门生丧亲，家在中山。白丹欲往奔慰，结侣将行，丹怒而挞之，令寄缣以祠焉。或问其故，丹曰：交道之难，未易言也。世称管鲍，次则王贡。张陈凶其终，萧朱隙其末，故知全之者鲜矣。

范晔对他的评论是："王丹难于交执之道，斯知交矣。"因为王丹这样做，不只是由于识见，也是根据经验，不能不令人信服。他的主张是：交友要慎重；朋友之间的来往，要清淡，不要过热。

耕堂曰：交友，是一种生活手段。幼时，在庙会上，见卖艺人开场，必言：在家靠父母，出门靠朋友。朋友与父母并论，可见其与吃饭穿衣有关。这种交友之道，可称做开放型，或进攻型。出门卖艺尚且如此，如果是出国卖艺，那交友一事，就更为重要了。相反，动不动就要与人绝交的人，可称封闭型，或保守型。要之，交友之道，从战术上说，要广交；从战略上说，要慎交。但凡关人事，变化莫测，不能自主。不是你要如何，便能如何的。

关于交友，我在《悼曼晴》一文的附论中，曾经胡扯过一通，这里就不再多说了。

一九九一年十二月三十一日下午

《三国志·关羽传》

自《春秋》立法，中国历史著作，要求真实和简练。史家为了史实而牺牲生命，传为美谈。微言大义的写法，也一直被沿用。但是，读者是不厌其详的，愿意多知道一些。于是《春秋》之外，有三家之传，而以左氏为胜。司马迁参考《国语》、《战国策》等书，并加实地考察，成为一家之言的《史记》，对于人物和环境的描写，更详尽更广阔了。它适应了读者的需要，而使历史与文学，异途同归，树立了史学的典型，并开辟了文学的现实主义道路。

历史强调真实，但很难真实。几十年之间的历史，便常常出现矛盾，众说纷纭，更何况几百年之前、几千年之前？历史但存其大要，存其大体而已。

我国的历史，在过去多为官书，成书多在异代。这种作法，利弊参半，一直相沿，至于《清史稿》。

《三国志》在史、汉的经验基础上完成，号为良史，裴松之的注，实际起了很大作用。但历代研究者，仍以志为主据，注为参考。后来，历史演变为文学作品，则多采用裴注，因为这些材料，对塑造人物，编演故事，提供了比较具体生动的材料。

史书一变而为演义，当然不只《三国演义》一书。此外还有《封神演义》，以及虽不用演义标题，实际上也是演义的作品。

演者延也，即引申演变之意。但所演变也必须是义之所含，即情理之所容。完全出乎情理之外，则虽是文学创作，亦不可取。就是说，演义小说，当不悖于历史环境，也不悖于人物的基本性格。

当然，这一点有时很难做到。文学的特点之一是夸张，而夸张有时是漫天过海，无止无休的。文学作品的读者，也是喜欢夸张的，常常是爱者欲其永生，憎者恨其不死。在这种形势的推动下，一部演义小说，能适当掌握尺寸，就很困难了。

《三国演义》一书，是逐渐形成的，它以前有《三国志平话》，还有多种戏曲。这部书的故事几乎是家喻户晓的，流传之广，也是首屈一指的。过去，在农村的一家小药铺，在城市的一家大钱庄，案首都有这一部"圣叹外书"。

在旧社会，这部书的社会影响甚巨，仁者见仁，智者见智。谋士以其为智囊，将帅视之为战策。据说，清兵未入关之前，就是先把这部书翻译过去，遍赐王公大臣，使他们作为必读之书来学习的，其重要性显然在四书五经之上。

在陈寿的《三国志·蜀志》中，《关羽传》是很简要的：

关于他的为人，在道义方面，写到他原是亡命奔涿郡，与刘、

中国文化传统是宽容的

张恩若兄弟，"随先主周旋，不避艰险"，终不负先主。

关于他的战绩，写到在"建安五年，曹公东征，先主奔袁绍，曹公禽羽以归，拜为偏将军"。写到他诛颜良，水淹于禁七军。

关于他的性格，写到诸葛亮来信说马超"犹未及髯之绝伦逸群也"。羽大悦，以示宾客。

关于他与同僚的关系，写到他与糜芳、博士仁不和，困难时，众叛亲离。

关于他对女人的态度，本传无文字，裴注却引《蜀记》说：

> 曹公与刘备围吕布于下邳，关羽启公，布使秦宜禄行求救，乞娶其妻，公许之。临破，又屡启于公。公疑其有异色，先遣迎看，因自留之，羽心不自安。

关于他的应变能力，写到他因为激怒孙权，遂使腹背受敌，终于大败。他这一败，关系大局，迅速动摇了鼎足的平衡，使蜀汉一蹶不振，诸葛亮叹为"关羽毁败，秭归蹉跌"者也。

陈寿写的是历史，他是把关羽作为一个具体的人来写的。这样写来，使我们见到的是一个既有缺点，又有长处；既有成功，又有失败的活生生的人。我们看到的是真正的关羽，而不是其他的人，他同别的人，明显地分别开来了。我们既然准确认识了这样一个人，就能从他那里得到启发，吸取经验，对他发生真正的感情：有几分爱敬，有几分恶感。

《三国志平话》，关羽个人的回目有六。《三国演义》，关羽个人的回目有十，其中二十五回至二十七回，七十三回至七十七回，回目相连，故事趋于完整。

鲁迅先生在《中国小说史略》里谈及此书时，说："至于写人，亦颇有失，以致欲显刘备之长厚而似伪，状诸葛之多智而近妖；惟于关羽，特多好语，义勇之概，时时如见矣。"

中国旧的传统道德，包含忠孝节义；在历史观念上，是尊重正统。《三国演义》的作者，以人心思汉和忠义双全这两个概念，来塑造关羽这个英雄人物，使他在这一部小说中，占有特别突出的地位。

于是，在文学和民俗学上，就产生了一个奇特现象：关羽从一个平常的人，变为一个理想化的人，进而变为一尊神。

这一尊神还是非同小可的，是家家供奉的。旧时民间，一般人家，年前要请三幅神像：一幅是灶王，是贴在锅台旁边的，整天烟熏火燎；一幅就是关老爷，他的神龛在房正中的北墙上，地势很好；一幅是全神，是供在庭院中的。这幅全神像，包括天地三界的神，有释、道、俗各家，神像分数行，各如塔状。排在中间和各行下面的神像品位最高，而这位关羽，则身居中间最下，守护着那刻着一行大字的神牌，神态倨傲，显然是首席。

在各县县城，都有文庙和武庙。文庙是孔子，那里冷冷清清，很少有群众进去，因为那里没有什么可观赏的，只有一个孤零零的

　　　　　　　　　　　　中国文化传统是宽容的

至圣先师的牌位。武庙就是关羽，这里香火很盛，游人很多，因为又有塑像，又有连环壁画，大事宣扬关公的神威。

关羽庙遍及京城、大镇、名山、险要，各庙都有牌匾楹联，成为历代文士卖弄才华的场所。清朝梁章钜所辑《楹联丛话》中，关庙对联，数量最多，有些对联竟到了头昏脑热、胡说八道的田地。

当然，有人说，关羽之所以成为神，是因为清朝的政治需要。这可能是对的。神虽然都是人造出来的，但不经政治措施的推动，也是行之不远的。

幸好，我现在查阅的《三国志》，是中华书局的《四部备要》本，这个本子是据武英殿本校刊，所以《蜀志》的开卷，就有乾隆皇帝的一道上谕，现原文抄录：

乾隆四十一年七月二十六日内阁奉上谕：关帝在当时，力扶炎汉，志节凛然。乃史书所谥，并非嘉名。陈寿于蜀汉有嫌，所撰《三国志》，多存私见，遂不为之论定，岂得谓公？

从前曾奉世祖章皇帝谕旨，封为忠义神武大帝，以褒扬圣烈。朕复于乾隆三十二年，降旨加灵佑二字，用示尊崇。夫以神之义烈忠诚，海内咸知敬祀，而正史犹存旧谥，隐寓讥评，非所以传信万世也。今当抄录《四库全书》，不可相沿陋习，所有志内关帝之谥，应改为忠义。第本传相沿日久，民间所行必广，难于更易。着交武英殿，将此旨刊载传末，用垂久远。其官版及内府陈设书籍，并着改刊此旨，一体增入。钦此！

这就不仅是胡说八道，而是用行政方式强加于人了。

至于在戏剧上的表现，关羽也是很特殊的。他有专用的服装、道具；他出场之前，要放焰火；出场后，他那种庄严的神态，都使这一个角色神秘化了。

但这都是文学以外的事了。它是一种转化现象，小说起了一定作用。老实说，《三国演义》一书，虽如此煊赫，如单从文学价值来说，它是不及《水浒》，甚至也不及《西游记》的。《水浒》、《西游记》虽也有所本，但基本上是文学创作，是真正文学的人物形象。而《三国演义》，则是前人所讥评的"太实则近腐"、"七实三虚惑乱观者"的一部小说。

把真人真事变为文学作品，是很困难的。我主张，真人真事，最好用历史的手法来写，真真假假，真假参半，都是不好的。真人真事，如认真考察探索，自有很多材料，可写得生动。有些作者，既缺少识见，又不肯用功，常常借助描写，加上很多想当然，而美其名曰报告文学。这其实是避重就轻，图省力气的一种写法，不足为训。

中国文化传统是宽容的

本传与小说，出入较大的，还有诸葛亮。小说和戏剧上的诸葛亮，几百年来在群众中，形成了一个固定的形象，即所谓摇羽毛扇的人物。还影响了其他历史小说，几乎各朝各代，在争战交锋之时，都有这样一个军师：《封神演义》的姜子牙，《水浒传》的吴用，瓦岗寨起义的徐茂功，明朝开国的刘伯温等等。

诸葛亮在本传里，是一个非常求实的人，是一个实干家。陈寿奉晋朝之命修《三国志》，蜀汉为晋之敌，但他对诸葛亮的评价，我以为还是很客观、实事求是的。他说：

> 然亮才于治戎为长，奇谋为短。理民之干，优于将略。

综览陈寿所记，诸葛亮的一生，功劳固然很大，失败和无能为力之处也不少。最后的失败主要是客观条件所致。诸葛亮的隆中对策、说孙权、前后出师表，高瞻远瞩，文词质朴，情真意诚，叮咛周至，感动百代，成为名文。他死以后，人民哀其处境艰难，大功未竟，敬仰他鞠躬尽瘁的精神，追思怀念，千古不衰。人民愿意看到他在文学艺术上的形象。但《三国演义》和一些戏剧，把这一人物歪曲了。

最失败的是把诸葛亮写成了一个非凡的人。把他写成了一个未卜先知，甚至能呼风唤雨，嘴里不断念念有词的老道，即鲁迅所说近于妖了。

诸葛亮在《后出师表》中，曾对后主反复说明，世事难以逆料，举出当时很多事例，完全是科学态度。

出现如此大的差距，原因是作者有意识地把这样一个人物，塑造得更高大，不知不觉走到反面去了。作者对这一人物性格，并没有认真调查研究，作者的学识见解，都不足以创造这样一个人物形象。正如在《水浒传》里，他写在郓城县当一名书吏的宋江，写得很真实生动，到写当了水泊首领的宋江，他就无能为力了。因为他熟悉一个书吏，着实没有体验过一个水泊首领的生活，甚至见都没有见过。于是只能以主观想象出之。宋江和刘备，如出一辙。和他相反，《西游记》的作者写了猴、猪等怪，完全以写人的笔法出之，因此，猴、猪都具备了完整的性格。写唐僧亦如此，所以唐僧颇具人性。《聊斋志异》写狐鬼，成功之道亦在此点。凡是小说，起步于人生，遂成典型；起步于天上，人物反如纸扎泥塑，生气全无。

群众是喜爱英雄的，群众可以按照自己的形象，创造出一个神，但这个神对他来说，只能起到安慰的作用。群众有高级的心理、情操，也可能有低级的心理、趣味。人可以有作为人的本能，也可以有来自动物的本能。文学艺术，应该发扬其高级，摈弃其低级，文以载道，给人以高尚的熏陶。创造英雄人物，扬励高尚情操，是文学艺术的理所当然的职责。

其基础是现实的人和生活。

再现历史英雄人物，不是轻而易举的。作者除去学的修养，还要有识的修养，学识浅薄，如何创造英雄人物？在创作准备上，识力不高，则应辅之以学。如研究历史，考察地理民俗，采集口碑遗迹，像司马迁所做的那样。司马迁写了刘、项那样的英雄人物，全从周密的调查研究入手，然后以白描手法，自然出之。

如果不这样做，那么，创造英雄人物，反倒成了很容易的事。今天，在文学艺术中，假诸葛亮的形象，还是不少的。虽不羽扇纶巾，坐四轮车，但也多是口中念念有词，不断发誓赌咒，一言而天下定的。

一个作者，有几分见识，有多少阅历，就去写同等的生活，同类的人物，虽不成功，离题还不会太远。自己识见很低，又不肯用功学习，努力体验，而热衷于创造出一个为万世师、为天下法的英雄豪杰，就很可能成为俗话说的："画虎不成，反类其犬。"

一九八〇年二月

读《宋书·范晔传》

一

范晔字蔚宗，是《后汉书》的作者。《后汉书》是我国前四史之一，与司马、班、陈的著作并称，是古史的经典。

范晔是南北朝时期宋朝人，在他以前，已经有很多人撰写《后汉书》。我的藏书中，有一部清末刻印的七家《后汉书》，其书目为：谢承《后汉书》、华峤《后汉书》、谢沈《后汉书》、薛莹《后汉书》、司马彪《续汉书》、袁山松《后汉书》、张璠《汉记》、佚名氏《后汉书》（附）。

这些《后汉书》，原书都已失传。以上所列，是后人从《北堂书钞》、《太平御览》等古书中辑录出来的零篇散句，实际已经不能成书，也无法阅读了。

但在当时，这些《后汉书》，都是卷帙浩繁的。例如谢承《后汉书》，《隋书·经籍志》和《旧唐书·

中国文化传统是宽容的

经籍志》，都记录为一百三十余卷。

书籍的流传与消失，有时是因为战火灾情，但主要是优胜劣汰。著书也如积薪，后来居上。他可以有更多的机会，利用前人的成果，发见新的材料，证实过去的疑难之处。读者买书用书，自然也有所选择。这就是范书一出，他书俱废的原因。

我用的《后汉书》，是中华书局仿宋本，三函，共三十册。卷首书：宋宣城太守范晔撰；梁剡令刘昭补志；唐章怀太子贤注。帝后纪一十二；志三十；列传八十八。共一百三十卷。

《后汉书》原无志，范晔曾委托别人撰写。唐时，还有其他《后汉书》存在，章怀太子选中了范书，为它作注，使它成为权威著述。注中引用了不少其他《后汉书》的片断，标示异同，后世视为善本。

二

《范晔传》在《宋书》卷六十九，与《刘湛传》同卷。我用的《宋书》，是中华书局标点本。

兹就史传所载，摘录范晔行事如下：

范晔，顺阳人。母如厕产之，额为砖所伤，故以砖为小字。

少好学，博涉经史，善为文章，能隶书，晓音律。

做官以后，遇事怕困难。太妃殡葬时，饮酒，开窗听挽歌，被左迁宣城太守。"不得志，乃删众家《后汉书》为一家之作。"

晔长不满七尺，肥黑，秃眉须。

有个叫孔熙先的，做官久不得调，心怀不满，想制造皇家弟兄之间的矛盾，"以晔意志不满，欲引之"。先与晔赌博，故意输给他很多财宝。熟了以后，知道"晔素有闺庭论议，朝野所知，故门胄虽华，而国家不与姻娶"。熙先因以此激之。范晔就陷入了宫廷的斗争。

他们支持的是彭城王刘义康，是当时皇帝的哥哥。不久被人出卖，事败，死时四十八岁。

《宋书》的作者是沈约。他在写范晔的被捕、受审、在狱、行刑时的情景，以及对话、心理，都非常详细、真实、生动，是一篇很有味道的纪实小说。

出卖他的人，叫徐湛之，他对范晔的看法是："倾动险忌，富贵情深。"皇帝对他的看法是："意难厌满。"他哥哥对他的看法是："此儿近利，终破我家。"此皆指宦情也。

三

耕堂曰：古人读书写作，是为了做官，也就是寻求富贵荣华。他们先以"时文"取得功名，做官不成或不顺利，才去著书。鲁迅诗云：无聊才读书。实不只此，著书亦多在无聊时。但有时，正在无聊著书，订下了庞大的写作计划，忽然官运亨通起来，就再也无聊不下去了，只好放下笔墨，先去赴任盖章。此为无聊期的结束，

　　　　　　　　　　　中国文化传统是宽容的

也就是文字生涯的终结。有的人虽说圣明天纵，不可一世，一边做着官，一边还在写文章。因为只有得意，没有无聊，那文章的成色，也就大不如从前，以后只是卖卖名气而已。无聊即寂寞，曹雪芹寂寞时，可以写出极度繁华的小说；做官即富贵，此情一深，文思即淡矣。连无聊的小说，也就写不出来了。

凡是"富贵情深"的人，大都"意难厌满"。他们的欲望是没有止境的，没有限度的，是要步步高升的。以"文革"为例，"四人帮"中有两位文士，本无多少才情，知识也不丰富，文字也不大通顺。但得遇机缘，官运可以说非常之好。还不满足，一定要攘夺盗窃国家神器。此二人，可说是近代史上，由蹩脚文人发迹之后成为政治流氓的典型。但他们绝不是历史的最后一例。证之"文革"期间，这样的文人，此伏彼起，层出不穷，即可明白。

至于等而下之的中小人物，时隔不到二十年，受害的一代人，还没有死完，他们已经认为：整个社会忘记了他们在"文革"期间的形象，他们的所作所为。他们的思想早已解放，仍把"造反有理"作为行动的信条。有的装模作样，有的旧态复萌，有的想法翻案。此种现象，此种人物，今日实多见之，令人咋舌。富贵之梦，仍在萦绕着他们的灵魂。

四

范晔在狱中，给甥侄们写了一封信：

吾狂衅覆灭，岂复可言，汝等皆当以罪人弃之……文章转进，但才少思难，所以每于操笔，其所成篇，殆无全称者。常耻作文士。文患其事尽于形，情急于藻，义牵其旨，韵移其意。虽时有能者，大较多不免此累，政可类工巧图缋，竟无得也。常谓情志所托，故当以意为主，以文传意。以意为主，则其旨必见；以文传意，则其词不流。然后抽其芬芳，振其金石耳。此中情性旨趣，千条百品，屈曲有成理……

　　性别宫商，识清浊，斯自然也。观古今文人，多不全了此处，纵有会此者，不必从根本中来，言之皆有实证，非为空谈。年少中，谢庄最有其分，手笔差易，文不拘韵故也。吾思乃无定方，特能济难适轻重，所禀之分，犹当未尽。但多公家之言，少于事外远致，以此为恨，亦由无意于文名故也。

　　以上是范晔就自己的心情、秉性、学识和为文之道写的话。信的下半，是谈他撰写的《后汉书》：

　　本未关史书，政恒觉其不可解耳。既造《后汉》，转得统绪，详观古今著述及评论，殆少可意者。班氏最有高名，既任情无例，不可甲乙辨，后赞于理近无所得，唯志可推耳。博赡不可及之，整理未必愧也。吾杂传论，皆有精意深旨，既有裁味，故约其词句。至于《循吏》以下及六夷诸序论，笔势纵放，实天下之奇作。其中合者，往往不减《过秦篇》。尝共比

　　　　　　　　　　　　　　　中国文化传统是宽容的

方班氏所作，非但不愧之而已，欲遍作诸志，《前汉》所有者悉令备。虽事不必多，且使见文得尽，又欲因事就卷内发论，以正一代得失，意复未果，赞自是吾文之杰思，殆无一字空设，奇变不穷，同合异体，乃自不知所以称之。此书行，故应有赏音者。纪、传例为举其大略耳，诸细意甚多。自古体大而思精，未有此也。恐世人不能尽之，多贵古贱今，所以称情狂言耳……

五

《史记》、《汉书》，都附有作者的自序，述作者身世、师承，以及著作体例及经过。后来成为大的著述的传统做法。《后汉书》没有自序，这是因为作者出了事，来不及写，可以把范晔这一封信，看做是他的自序。沈约引证了全文，并说："晔自序并实，故存之。"评价很高。

范晔一生行事，除《后汉书》外，无可称述，我很喜欢他这封信，认为是一篇很好的文字。人之将死，其言也哀。所说的话，都是从肺腑中来，不会再有虚妄。文章一事，他所知甚多，见解也非常精辟，是真正的经验之谈。对于历史著述，虽似夸耀，是亦真情。惟独到了这般时候，才流水一般，说出了天真的话语。

这时，范晔已经陷入了大痛苦、大寂寞、大无聊之中。四顾茫茫，生死异路。他想起了撰述《后汉书》时的情景，回归无聊之中。只有这一点，他无愧于心，暂时扶住了他倾斜的灵魂。人之将死，其言也善，他的话不只是真诚的，也是良善的。这就是为什么，不要以人废言的道理。

六

耕堂曰：余晚年阅读史书，多注意文士传记。发见，文士的官才，和他们的文才，常常成反比。又发见，文士官才虽少，而官瘾甚大。不让他们过一过官瘾，好像死不瞑目。有人，偶然一试，感受到官场的矛盾、烦扰、痛苦，知难而退，重操旧业，仍不失为文士；有的人却深深陷入，不能自拔，蹉跎一生，宦文两失。退得快的，多为文学真才，卓有成就；陷下去的，多为文学混混儿，其在文坛混，与在官场混，固自相同也。退之一途，又分主动与被动。主动则有抱负，被动则有激扬，皆有利于文字成功。所谓被动，即指政局变化，官场失利，刑罚贬逐之类。

至于官场不利之因，则有急功近利，轻浮躁进，不识大体，依附非人等等。范晔生长华族，喜好声歌，结交非类，参与赌博，已属于轻浮之流矣。而其初生时，头部触砖，或受震荡，因而举止乖张。此则余遵弗洛伊德之学说，从生理病理上揣想也。

一九八九年二月十七日写讫

　　　　　　　　　　中国文化传统是宽容的

買《魏书》、《北齐书》记

一

一九八〇年五月七日，沈金梅同志，从北京代购中华书局标点本《魏书》一部，计八册；《北齐书》一部，计二册。我的《二十四史》为"百衲本"，但非商务印书馆影印的百衲本，而是晚清以来，各书局各种版本的杂烩。善本甚少，阅读、贮存均不便。所缺数种，拟以标点本充之。今见此书，卷帙亦甚繁重，且有污损。今日修整，甚感劳顿。年已老，日后仍以少买书为佳也。

国家组织人力，整理标点《二十四史》及《资治通鉴》等书，传播文化，嘉惠后学，可以说是一种千古盛事。经过整理的《二十四史》，从方便阅读方面说，比以前各书局所出的石印本、铅印本要好得多。

但每部书前面的出版说明，却写得很是八股，盛气凌人。单纯以阶级斗争为纲，评价一部古书，不只有诬古人，也违反历史唯物、辩证唯物之义。标点本《魏书》，出版于一九七四年，出版说明，加入了批判"兴灭国，继绝世，举逸民"的内容。引用"语录"，也未免牵强附会。既然重印，批判一通之后，又不得不承认其多种价值，立论也就自相矛盾。当然，这种写法，自有其时代历史背景，作者的局限性，也可能为后世读者所谅解吧。

二

《魏书》号称"秽史"，初不知其秽在何处。是内容芜杂呢？还是所记多猥亵之事？读了一些篇章，发见《魏书》文字典雅，记事明断，虽不能说是史书中的上乘，但也很够一代文献资格，实在谈不上一个"秽"字。

《魏书》为魏收所总纂，他的传记，载在《北齐书》。

魏收，字伯起，巨鹿人。他生于宦家，十五岁学习作文。读书很用功，"夏月，坐板床，随树荫讽诵，积年，板床为之锐减"。他文思敏捷，"下笔便就，不立稿草"。但为人轻佻，绰号"惊蛱蝶"。奉使梁朝，竟然买吴婢入馆，遍行奸秽。因此，人称其才，而卑其行。

修魏史时，所引史官，都是依附他的人。有的并非史才，有的"全不堪编辑"。参加修史的人，自行方便，"祖宗姻戚，多被书录，饰以美言"。魏收是总编辑，并吹出大话："何物小子，敢共魏收作

　　　　　　　中国文化传统是宽容的

色？举之则使上天，按之当使入地。"这就太不像话了。

当时言论，都说魏收著史不公平，皇帝"诏收于尚书省与诸家子孙共加论讨"。这场辩论，皇帝亲临，空气非常紧张。虽然表面上，魏收占了上风，告状的人，被定为"谤史"，"鞭配甲坊，或因以致死"，魏收也受到皇帝的责难，战栗不止。《魏书》也奉命"且勿施行，令群官博议"。于是"众口喧然，号为'秽史'"。

后来，魏收又奉诏，对史书更加研审，颇有改正。但"既缘史笔，多憾于人，齐亡之岁，收冢被发，弃其骨于外"，这种结果，在历代史官中，恐怕是最不幸的了。

三

其实，魏收虽然监修《魏书》，大的关节，他是做不了主张，要看皇帝的意图的。但在一些不显著、不甚重要的地方，他还是可以施展才华，上下其手，或加美言，或加恶语的。这些地方，皇帝不一定留意去看，但所记的那些人，或那些人的子孙，是一定要看的，特别关心的。另外，给谁立传，或是不给谁立传；给谁立正传，或是给谁立附传；谁的文字长，谁的文字短，这都是是非所在，恩怨所系，编撰者和监修者，应当慎重从事，公平对待的。而像魏收这样的人，却是意气用事，很难趋于公平的。虽然史书要求秉笔直书，但因政治的要求，史官的爱恶，即使是良史，恐也难于达到真正的直。求其大体，存实而已。特别是像《魏书》这部著作，修书与时代相近，魏、齐两朝相连，一些当事人的后代，都在朝中做官，就更注意其中的褒贬，因为这不只是祖先的名誉问题，也是现实的政治问题了。

魏收自视甚高，性又褊急，他的著述生涯，他的官运，也不是那么顺利的。他受过箠楚，皇帝在宴会时，还让大臣们当面开他的玩笑，揭他的短处。有时皇帝高兴了，也当面夸奖他几句。说他有文才，说他比那些武将还有用处。甚至说："我后世身名在卿手，勿谓我不知。"我们知道，魏、齐的那些皇帝，都是什么人物。在这种环境下，魏收能把这部著作，终于完成，也可以说是够坚韧的了。他所处的境地，皇帝给他的待遇，也不外是司马迁所叹息的"倡优畜之"而已。

这部《魏书》，虽被有恶名，然终不能废，也没有别人的著作，能把它代替。列于诸史之林，堂而皇之，不稍逊色。这是因为时过境迁，朝代更替，利害的关系，感情的作用，越来越淡漠了。谁好谁坏，都已经成为历史，甚至古代史，与读者任何人，都没有关联了。时间越久，史事无证，越没有别的书能代替它，它就越被读者重视，因为它究竟还是当时的人撰述的最可靠的材料。古书的神秘神圣之处，也就在这里。

四

魏收是很有文才的，他当时所作文、檄、诏、诰，为皇家起过

　　　　　　　　　　　中国文化传统是宽容的

很大的作用。齐文襄曾称赞他："在朝今有魏收，便是国之光彩，雅俗文墨，通达纵横。我亦使子才、子升时有所作，至于词气，并不及之。"

温子升、邢邵，是魏收同时代的文士。他们各有朋党，互相拆台：

> 收每议陋邢邵文。邵又云："江南任昉，文体本疏，魏收非直模拟，亦大偷窃。"魏收乃曰："伊常于沈约集中作贼，何意道我偷任昉。"任、沈俱有重名，邢、魏各有所好。武平中，黄门郎颜之推以二公意问仆射祖珽，珽答曰："见邢、魏之臧否，即是任、沈之优劣。"收以温子升全不作赋，邢虽有一两首，又非所长，尝云："会须作赋，始成大才士。唯以章表、碑志自许，此外更同儿戏。"

祖珽话的意思是：看一个作家的高下，先要看他的师承。魏收的话，如果拿今天的情况来解释，就是：只能写些短小文章的人，算不得大作家，必须有几部长篇，才能压众。文人相轻，自古而然。如果生于同时，在一处工作，则相轻尤甚。因为这涉及是否被天子重用，官品职位。想起来，这也很可悲，心理状态，几同于婢妾之流。

《北齐书》魏收传中，只保存了他的一篇赋，题为《枕中篇》。这篇文章，以管子的话"任之重者莫如身，途之畏者莫如口，期之远者莫如年。以重任行畏途，至远期，惟君子为能及矣"作为引子，说明"知几虑微，斯亡则稀。既察且慎，福禄攸归"的道理。文章虽然有些啰嗦，但文词很漂亮。证明他的文才，是名不虚传的。但这篇赋，不常见于文学选本，可能是因为作者的名声不大好的缘故。传中说他硕学大才，但不能达命体道，"见当途贵游，每以颜色相悦"。这与他这篇文字所表达的思想，是很矛盾的。但又说他："然提奖后辈，以名行为先，浮华轻险之徒，虽有才能，弗重也。"这就证明魏收这个人，性格言行，都是很复杂，很不一致的了。

五

文人处世，有个人的特征，有时代的样式。历代生活环境不同，政治情况各异，他们的作品，他们的作风，他们对生活的态度，他们理想的发生，都不会一样，都有时代的烙印。先秦两汉，盛唐北宋，号称太平盛世，文士众多，文章丰富。而南北朝、五代、南宋、明末之时，文人的生活处境及政治处境，就特别困扰艰辛。反映在他们处世态度和作品之中的，就很难为太平盛世的人民所理解。南北朝时期，是个动乱的时期，北朝文人很少，他们的生活，尤其动荡不安，流传下来的作品不多，但都深刻地反映了这种动乱。

我们今天谈论魏收，也不过就一篇简短的传记，零散的材料，

　　　　　　　　　　　　　中国文化传统是宽容的

勉作知人论世的试探，究竟有多少科学性，就很难说了。检藏书，李慈铭《越缦堂日记》，王鸣盛《十七史商榷》，赵翼《二十二史考异》①，对魏收的《魏书》，均有评述。李氏认为像北齐的帝王，还知道重视文人的工作，重视历史的修撰，足见文章为经国之大业，即武夫出身者，亦不能漠然视之。这种感慨，是李氏的夫子自道，宦情的急迫表现。王氏所述，议论平和，他以为《魏书》之所以受人攻难，是因为后来几次有人想重修这部史书，既然想重修，就要宣扬原作的种种缺失。他并且说，魏收的著作，列之正史，并无愧色，可谓先得我心矣。赵氏在列举《魏史》的不公之处以后，又列举该书中的惊人直笔，这足见抹杀这部著作，把它笼统地称为"秽史"，是不应该的了。这部书，受这样不公正的待遇，不是著作本身的原因，而是当时及稍后的政治的原因。

魏收在《枕中篇》中说：

> 闻诸君子，雅道之士，游遨经术，厌饫文史。笔有奇峰，谈有胜理。孝悌之至，神明通矣。审道而行，量路而止。自我及物，先人后己。情无系于荣悴，心靡滞于愠喜。不养望于丘壑，不待价于城市。言行相顾，慎终犹始。

这些文字，可以说是闻道之言矣。然而魏收终于没有做到，或

---

① 按：赵翼所著为《廿二史札记》，《二十二史考异》为钱大昕所撰。

者说，他没有能完全做到。他的言行是不一的，他的希求是没有止境的。他的一些行为，是有违先哲的教导的。但究其原因，并非像标点本的前言说的那样简单。有些事，是他应该做到的，这要由他负责任；有些事是当时政治不允许的，他不能去做；有些事是环境影响他，他顺应地去做了。然收究非完人，在文士中，也非敦立名节的人物，受到的一些责罚坎坷，可以说咎由自取。因此摘记其言行之显著者，使知其是非矛盾之处，以为借鉴焉。

一九八四年一月二十二日

读《旧唐书》记

一、《旧唐书》

《旧唐书》，中华书局《四部备要》本，共三十二册，价七元八角八分，削价出售之书也。记得此书，六十年代初，购于天祥二楼，抱书出商场后门，路有煤屑，滑倒，幸未跌伤，兴致仍不减。

此书，前有明人杨循吉、文徵明、闻人铨三序，皆述重刊之由，旧书之佳。末有清人沈德潜一跋，对于此书校刊经过及其源流特点，叙述简明扼要，抄录如下：

> 《旧唐书》成于后晋时宰相刘昫。因吴兢、韦述、柳芳、令狐峘、崔龟从诸人所记载而增损之。宋仁宗朝，奉诏成《新唐书》，而旧书遂废矣。后司马光作《资治通鉴》，转多援据旧书，以新书中所载诏令奏议之类，皆宋祁刊削，尽失

本真，而旧书独存原文也。二书之成，互有短长。新书语多僻涩，而义存笔削，具有裁断。旧书辞近繁芜，而首尾该赡，叙次详明，故应并行于世。

耕堂曰：沈德潜的这段话，是很有见解的，所论甚是。中国传统，异代编史，也是有道理的。时近，固然容易翔实，然遇有忌讳之处，则反不如过一个时期，容易下笔。但也不能时间过长，要适时为之。有些历史现象，时间太长，后代人就难以想象，只能靠传说，仿佛其梗概。例如"文化大革命"，虽只历时十几年，青年人就难以印证。有时，甚至说也说不清楚。所以，每一种史书之成就，多是既有当时官方记录，又有同时代私人的多种记载，再经大手笔，总汇成书，垂诸后世。

在文字上，也没有成法。"义存笔削，具有裁断"，固然不错。如果弄得过头，就会失去多数的读者。我觉得，如能多存史实，文字即使繁芜一些，对于后人来说，还是有好处。人们读的是历史，要求多知道一些事情，记事详尽，文字又美，当然好。只求简练，减去内容，就不能叫做好史书了。

所以，笔削之说，常常是靠不住的。很多生动材料，存在于原始记录之中，后人笔削之时，常将一些灵魂性的材料，以各种理由删去，就造成不可弥补的损失。

我就爱读"繁芜"的史书。

史书一事，甚难言矣。司马迁一家之言。起自荒古，迄于汉

中国文化传统是宽容的

武。其所据，有传说，有载记，有创意。要之，汉以前为笔削前人记载，定其真伪；汉以后，则为他家世职业所在。然人际关系，语言神态，全部实录乎？抑有所推演乎？后人不得而知。历史无对证，正如死人无对证一样，惟其无考，人皆信之，无二言也。此太史公著述质量所致，非其他人所能勉强。太史公著述，以客观取实为主，而贯以主观感情之激越。遂使古今之情一致，天人之理合一。史实之中，寓有哲理，琐碎之事，直通大局。后之史书，求其真实，已属不易，文史之美，无能与比者矣。

二、魏　徵

《魏徵传》，在《旧唐书》卷七十一。传颇长，独占一卷，是名臣良将才能有的。

传称："魏徵字玄成，巨鹿曲城人也……少孤贫，落拓有大志，不事生业，出家为道士。好读书，多所通涉，见天下渐乱，尤属意纵横之说。"

魏徵文章做得很好。先为元宝藏典书记，李密很欣赏他的作品。传中引了他为李唐安辑山东时，写给徐世勣的信，内有"自隋末乱离，群雄竞逐，跨州连郡，不可胜数。魏公（指李密）起自叛徒，奋臂大呼，四方响应，万里风驰，云合雾聚，众数十万。威之所被，将半天下。破世充于洛口，摧化及于黎山。方欲西蹈咸阳，北凌玄阙，扬旌瀚海，饮马渭川。翻以百胜之威，败于奔亡之虏。

因知神器之重，自有所归，不可以力争……"等语。可略见其措词说理之工。但魏徵所学为纵横之术，也就是帝王之学，其目的是辅佐王朝，展其抱负。这就是秦李斯、汉张良、三国诸葛亮所追求和实践的那种学问。他读书，并不是为了当作家或学者。《四部丛刊》中，有一部《群书治要》，就是他广泛读书的摘要。流传至今，学术价值很大。

治国安邦，魏徵用的是儒术。

传载：徵性非习法，但存大体，以情处断。我们不能把他列入法家。

当个法家，其实也并不容易。文词，口才，胆识，学问，缺一不可。"四人帮"以法家自居，看看他们的文章、学问，实在没有一人够格。他们以为法家就是打棍子，造冤案，是把中国的法家贬低成酷吏了。

魏徵善于争谏，为历代所称赞。魏徵在事唐太宗之前，曾事李密、窦建德、建成，这些人都是唐太宗的敌人。唐太宗曾说："朕拔卿于仇虏之中，任公以枢要之职。"就是指此。君臣相得，善始善终，是很不容易的。我们也可以想象，魏徵当时处境也有艰难之处。传中有一段他和太宗的对话，可以看出魏徵在争谏时的审慎态度。

　　太宗曰："然徵每谏我不从，发言辄即不应，何也？"对曰："臣以事有不可，所以陈论。若不从辄应，便恐此事即行。"帝曰："但当时且应更别陈论，岂不得耶？"徵曰："昔舜诚群臣，尔无面从，退有后言。若臣面从陛下，方始谏此，即退有后言。岂是稷契事尧舜之意耶？"帝大笑曰："人言魏徵举动疏慢，我但觉妩媚，适为此耳。"徵拜谢曰："陛下导之使臣言，臣所以敢谏，若陛下不受臣谏，岂敢数犯龙鳞。"

以上，可以看出，魏徵之进谏，唐太宗之纳谏，是有一定的时机的。太宗初年，励精图治，正需要有一个魏徵这样的人。这就是宋代人所说的：赶上了好时候。但魏徵说话，也是要看势头的。

至于传说：太宗玩鹞子，魏徵至，遂藏于怀中。魏徵奏事，故意延长时间，鹞子终于闷死。恐怕不一定是事实。

魏徵晚年，屡次称疾请逊位，这也是留侯故智，自求保全。其最后所上四疏中，有言：

> 昔贞观之始，闻善若惊，暨五六年间，犹悦以从谏。自兹厥后，渐恶直言。虽或勉强，时有所容，非复曩时之豁如也。

帝王的心态，如此变化，大臣进谏，也就难以从容了。历史如此，圣贤无术。

魏徵一生还不错。死后，不久：

> ……太宗始疑徵阿党。又自录前后谏诤言辞，以示史官起

居郎褚遂良，太宗知之，愈不悦。先许以衡山公主，降其长子叔玉，于是手诏停婚。顾其家渐衰矣！

传的最后，"赞曰：智者不谏，谏或不智。智者尽言，国家之利"，是对负有言责者的鼓舞之词。然自古迄今，机缘难得。上下之间，情投之日少，猜忌之时多耳。

魏徵引用《文中子》的话："同言而信，则信在言前；同令而行，则诚在令外。"我曾抄写在台历上。

三、郭 子 仪

过去读《资治通鉴》，关于郭子仪，有三件事，牢牢记在心中。其一为郭子仪平日见客，姬妾环侍，从不避讳。"及闻杞（卢杞）至，悉令屏去，独隐几以待之。杞去，家人问其故。仪曰：杞形陋而心险，左右见之必笑。若此人得权，即吾族无类矣。"其二是："盗发子仪父墓，捕盗未获，人以鱼朝恩素恶子仪，疑其使之。子仪心知其故。及自泾阳将入，议者虑其构变，公卿忧之。及子仪入见，帝言之。子仪号泣奏曰：臣久主兵，不能禁暴，军士残人之墓亦多矣。此臣不忠不孝，上获天谴，非人患也。朝廷乃安。"其三是："麾下老将，若李怀光辈数十人，皆王侯重贵。子仪颐指进退，如仆隶焉。"

郭子仪的功业大得很，我不知为什么单单记住了这样三件小事。其他谋略争战，都忘记无遗。今读《旧唐书·郭子仪传》（卷一百二十），二、三两事，都在其中。第一事，也于《卢杞传》（卷一百三十五）中检出。文字或与《通鉴》略有出入，内容毫无加减，可以证明前文所记，司马光是如何重视《旧唐书》中的材料了。司马光是很有眼光，有见解的。他像司马迁一样，知道要把一个历史人物写活，缺少这种具体事件，即细节，是做不到的。这种具体事件，联系着当时的社会、政治，联系着所写人物的生活、思想、性格、心理，以及他周围的人事。写这样一位大人物，如果像写帝王本纪一样，逐年记下他的攻城略地，斩获俘虏，成为一本功业账簿，那就太没意思了。

别人或者以为前面所记三件事为小事。而司马光却把它作为大事来记载。这样，我们才能见到一个真实的、活动的、有思想有感情的郭子仪。他不只是一位名将，还是一个普通的人。他也要处处小心，防备他人。他也得深思熟虑，把自己的切身问题处理好。因为这些小问题，都和他那政治上的大功业、大问题有关。

我没有做过官，更没有军旅生活的经验。不知为什么，也满有兴趣地，记住了那第三件事。想来是觉得郭子仪能得部下如此，是使人羡慕和"当如是也"的吧？另外想到，如果不是这样，郭子仪的晚年，也就不会有安全感了。

传中引述史臣裴垍的评论：

> 权倾天下，而朝不忌；功盖一代，而主不疑；侈穷人欲，

而君子不之罪。富贵寿考，繁衍安泰，哀荣终始，人道之盛。此无缺焉！

身为名将，能有这样的下场，确是少见的了。

四、卢　杞

因为上文提到了卢杞，我又读了他的传。传在卷一百三十五。

卢杞字子良，他的祖父怀慎，做官的名声很好，他的父亲奕，天宝末死于安禄山之乱，所以，他还可以称为烈士的儿子。他是以门荫做官的，官升得很顺利，很快就做到了门下侍郎同中书门下平章事，也就是宰相。

传记先对他的外形及行径，作了丑化：

> 杞，貌陋而色如蓝，人皆鬼视之。不耻恶衣粝食，人以为能嗣怀慎之清节，亦未识其心。

耕堂按：蓝，是一种植物，可以制成颜料，叫做靛。卢杞的面色如此，可能是一种皮肤病。至于"恶衣粝食"，则系生活小节，平民如此，值得同情；如果做了官，还是这样，则容易被人指为造作虚伪。宋代的王安石，也曾因此遭到一些上层人士的嘲讽。

对于他的政治作风，传记开门见山，淋漓尽致地说：

　　　　　　　　　　　中国文化传统是宽容的

既居相位，忌能妒贤，迎吠阴害，小不附者，必致之于死。将起势立威，以久其权。杨炎以杞陋貌无识，同处台司，心甚不悦，为杞所谮，逐于崖州。德宗幸奉天，崔宁流涕论时事，杞闻恶之，谮于德宗，言宁与朱泚盟誓，故至迟回，宁遂见杀。恶颜真卿之直言，令奉使李希烈，竟殁于贼。初，京兆尹严郢与杨炎有隙，杞乃擢郢为御史大夫以倾炎；炎既贬死，心又恶郢，图欲去之。宰相张镒，忠正有才，上所委信，杞颇恶之……

耕堂按：我们读唐宋历史，常常见到，很多大官，特别是宰相一级的官，失势后，被放逐到崖州。古时，这可以说是最边远、最苦的地方了。很多人死在贬所，杨炎也是。读史还看到：甲派得势，把乙派首脑放逐到崖州去了。等乙派得势，照样又把甲派的首脑放逐到那里去，报仇泄愤。崖州，在古时，是个不祥之地，做官的，平时都不愿提到这个地名，也不愿看到这幅地图。心理压力很大，那里的天空，一定充满冤抑之气的。

史书称卢杞这种做法为"阴祸贼物"。在卢杞当权之日，"天下无不扼腕，然无敢言者"。失势后的情况，就大不一样了。卢杞因为得罪了大军阀李怀光（这人物，我们上文提到过），闯下祸来："物议喧腾，归咎于杞，乃贬为新州司马……遇赦移吉州长史。"皇帝想给他落实一个刺史，遇到了很大阻力：

给事中袁高宿直，当草杞制，遂执以谒宰相卢翰刘从一曰：杞作相三年，矫诬阴贼，排斥忠良。朋附者，咳唾立至青云；睚眦者，顾盼已挤沟壑。傲很背德，反乱天常，播越銮舆，疮痍天下，皆杞之为也。幸免诛戮，惟示贬黜，寻以稍迁近地，更授大郡，恐失天下望。

谏官们也都出来讲话，无限上纲，什么词儿都用上了。什么"外矫检简，内藏奸邪"呀，什么"公私巨蠹，中外弃物"呀。结果，皇帝只能给卢杞改授个澧州别驾，卢杞就死在那里了。

耕堂按：草制，就是学士们替皇帝立言。任命要草制，贬官也要草制。执笔多系名流，文集多载之。唐宋两代，好像特别注意这个玩艺，三言两语，骈体。措词极端华丽，俏皮。尤其是对贬官，极尽挖苦之能事。不只人身攻击，而且殃及三代，甚至暴露阴私，涉及床闱。是文人墨客的逞能报复机会。唐朝张鷟，有一本书叫《龙筋凤髓判》，文体虽稍有不同，实际是这类文字的共同范本。

耕堂曰：细观卢杞所为，不外当权者排斥异己，并未出争权固宠之常格。且所用手段，也只是"潜毁"，如皇帝英明，不致为大害。至于传中所记，度支乖张，赋敛繁重，官吏扰民，是处国家兵荒马乱之时，不可过多责备宰相。大概，太平时宰相好当些，政局动荡，而宰相无兵柄，则不易为。卢杞处大局危急、朝廷不能作主之秋，自身又伤人过多，一旦失势，群情必力阻其复位，丑诋之词，乃成千古定论。李勉所谓"卢杞奸邪，天下人皆知，惟陛下不知，此所以为奸邪也"，也就成为名言了。卢杞的儿子元辅，"自祖至曾，以名节著于史册。简絜贞方，绰继门风，历践清贯，人亦不以父之丑行为累，人士归美"。可见唐代看人，也是区别对待的。

五、王 叔 文

因为就在同一卷书里，我接着又读了王叔文的传记。王叔文这个名字，是我过去读柳宗元的文集时知道的。

王叔文并没有祖荫，在政府也没有后台。他是以偶然的机会上到这个舞台，充当了短时间的重要角色，得到悲剧下场的。

传记说他"以棋待诏，粗知书，好言理道，德宗令直东宫"。在一次讨论中，他说出了与众不同的道理：即当太子时，不要干预外面的事，得到太子的信任。"由是重之，宫中之事，倚之裁决。"

棋艺是小技，说这番话也是老生常谈，但得到太子的青睐，可不是一件小事。"每对太子言，则曰：某可为相，某可为将，幸异日用之。"这种话，不只违背了他规劝太子的初心，个人的野心，也大大膨胀起来了。太子并没有觉察到这一点，可能正中了他的下怀。

从此，王叔文"密结当代知名之士，而欲侥幸速进者"。与韦执谊等十数人，"定为死交"，就是今天说的哥们义气。

这些死交，史传只提到九个人的名字，柳宗元排在倒数第二。分工时，他也不过是"唱和"和"采听外事"，并不是重要人物。

王叔文的当权，带有偶然性和传奇的色彩。史称：

> 德宗崩，已宣遗诏，时上寝疾久，不复关庶政，深居施帘帷，阉官李忠言、美人牛昭容侍左右，百官上议，自帷中可其奏。王伾常谕上属意叔文，宫中诸黄门稍稍知之。其日，召自右银台门，居于翰林，为学士。叔文与吏部郎中韦执谊相善，请用为宰相。叔文因王伾，伾因李忠言，言因牛昭容，转相结构，事下翰林，叔文定可否。

他这个权的来源和基础，就以我们毫无做官经验的人来看，也太玄乎了。他的死友们，官迷心窍，却不承认这点，还在外面，同声唱和："曰管，曰葛，曰伊，曰周。凡其党偶然自得，谓天下无人。"

果然不久，"内官俱文珍恶其弄权，乃削去学士之职。制出，叔文大骇"。

本来，王叔文不一定是做大官的材料，他驾驭不了那么复杂的政局，应付不了多方面的牵扯关联。在宫中动动笔还容易，后来又兼上度支盐铁副使，这是要见效率的官，就有点无能为力了。因此：

> 智愚同曰：城狐山鬼，必夜号窟居以祸福人，亦神而畏之；一旦昼出路驰，无能必矣。

中国文化传统是宽容的

周围的人，显然都在看他的笑话了。

王叔文是一个书生，好感情用事。他母亲死前之一日，他宴请学士和内官，发了很多牢骚，说了很多不应该说的近似市井语言的话。

不久，因顺宗久病，皇太子监国，政局大变，王叔文"贬为渝州司户，明年诛之"。

耕堂曰：史称王叔文任气自许，观其行事，亦无大过，实不同于"阴贼"一型。罹此惨局，亦可伤矣。他的过错，顶多只能说是"揽权急进"，然于仕途，此亦常规。要之，不自量力所致耳。谚云：政局如棋局。王叔文虽善于弈，其于政治，则经验甚不足矣。但因此失败，而使柳宗元"涉履蛮瘴，崎岖埋厄"，文章大进，成为中国文学史上一大奇葩，亦不幸中之幸欤？

六、初 唐 四 杰

《旧唐书》卷一百九十，是《文苑传》。前有序论，首谓：

> 臣观前代秉笔论文者多矣。莫不宪章《谟》、《诰》，祖述《诗》、《骚》，远宗毛、郑之训论，近鄙班、扬之述作。谓"采采苤苢"，独高比兴之源；"湛湛江枫"，长擅咏歌之体。殊不知世代有文质，风俗有淳醨，学识有浅深，才性有工拙。昔仲尼演三代之《易》，删诸国之《诗》，非求胜于昔贤，要取名于

今代。实以淳朴之时伤质，民俗之语不经，故饰以文言，考之弦诵。然后致远不泥，永代作程，即知是古非今，未为通论。

序论做得并不漂亮，都是老生常谈，且有矛盾之处。不过为了推出有唐一代作者，才提出以上论点。最后说：

其间爵位崇高，别为之传。今采孔绍安以下，为《文苑》三篇。觊怀才憔悴之徒，千古见知于作者。

《文苑传》分上中下三篇。上篇主要作家有卢照邻、杨炯、王勃、骆宾王。

以上四人，文学史称为"初唐四杰"，他们的文集，除杨炯外，我皆购置。王勃集为木刻本，不知系何种丛书之零种，共六册，题《王子安集》，纸张刻印，均不甚佳。卢照邻集系《四部丛刊》本，题《忧幽子集》。骆宾王集，系中华书局近年出笺注本，题《骆临海集》，我都没有细读过，印象不深。他们的文体，还沿用六朝时的骈体，典故连篇，读起来很费劲。我不怕骈体，骈体自然协调，增加文字的韵味，就是近代的白话文体，也不排斥这类句法和修辞。我怕典故，我头脑中典故很少，一边读文章，一边又去看注，这实在是一种苦事。古人抒发感情，描述事物，不用直接自然的语言，而用典故去代替，这也真不是一件容易的事，但究竟对感情、思想的抒发，是一种局限。文章之事，伤了自然，任你对仗怎样工

　　　　　　　　中国文化传统是宽容的

整，用典如何巧妙，总是得不偿失的。为什么王勃那么多文章，唯有《滕王阁序》那么通行？《滕王阁序》中对仗的句子那么多，为什么又只有"落霞与孤鹜齐飞，秋水共长天一色"一联，那么脍炙人口？还不是因为作家触景生情，冲口而出，既尽描绘之能事，又流畅自然，通俗易懂所致？骆宾王的名句"一抔之土未干，六尺之孤何托"，所以能那么动人，千古传诵，也是因为出于自然，得其本真。

文学史上说，他们四人的文风，已不同于六朝，开始向自然活泼的方面发展，我因体会不深，就不在这里讨论了。

卢照邻的传记很短，只有六行。说他"因染风疾去官"。又说，"照邻既沉痼挛废，不堪其苦，尝与亲属执别，遂自投颍水而死，时年四十"。也不知得的是什么病。他曾向当时的大医学家孙思邈请教，我读过那篇文章，孙思邈也没有提供什么处方，只是向他讲述了人易得病之由，及天人一致，顺应自然，才得养生，并没有什么奇妙之处。《旧唐书》有孙思邈的传，也引述了这段文字。

王勃的传记较长。他的祖父王通，即文中子，是著名学者，著有《中说》。"勃六岁，解属文，构思无滞，词情英迈。"可以说是早熟了，但亦早逝。传载：

> 久之，补虢州参军。勃恃才傲物，为同僚所嫉。有官奴曹达犯罪，勃匿之，又惧事泄，乃杀达以塞口。事发，当诛，会

赦除名。时勃父福畤为雍州司户参军，坐勃左迁交趾令。上元二年，勃往交趾省父，道出江中，为《采莲赋》以见意，其辞甚美。渡南海，堕水而卒，时年二十八。

骆宾王的传记更短，只有四行。内载：

少善属文，尤妙于五言诗。尝作《帝京篇》，当时以为绝唱。然落魄无行，好与博徒游。高宗末，为长安主簿，坐赃，左迁临海丞，怏怏失志，弃官而去。文明中，与徐敬业于扬州作乱，敬业军中书檄，皆宾王之词也。敬业败，伏诛，文多散失。

"四杰"在当时，就被识者认为："虽有文才，而浮躁浅露，岂享爵禄之器。"中间，杨炯算是比较"沉静"的，还当了临川令，传记里也说：

炯至官，为政残酷，人吏动不如意，辄榜杀之。又所居府舍，多进士亭台，皆书榜额，为之美名，大为远近所笑。

耕堂曰：四人皆早年成名，养成傲慢之性，举止乖张，结局不佳。人皆望子弟早慧，不及学龄，即授以诗书技艺。此如种植，违反自然季节，过多人工，虽亦开花结果，望其丰满充实，则甚难

　　　　　　　　　　　　　中国文化传统是宽容的

矣。神童之说，弊多利少，古有明证，人多不察也。

文字之事，尤其如此。知识开发，端赖教育。授书早，则开发早，授书晚，则开发晚。然就其总的成就来说，开发晚者，成果或大。此因少年感情盛，文思敏捷，出词清丽，易招赞美。个人色彩重，人生经验不足，亦易因骄傲，招致祸败。晚成者，其文字得力处，即不止情感属词，亦包蕴时代社会。然冲淡谦和，易失朝气。固知此道，甚难两全，实则不可偏废也。

七、陈子昂、宋之问

《旧唐书·文苑传》中，包括著名作家陈子昂、宋之问等。

我有《陈子昂集》，近年中华书局排印本。《宋之问集》，为《四部丛刊》本。

传载陈子昂：

> 家世富豪，苦节读书。褊躁无威仪。文词宏丽，为当时所重。卒时年四十余。

传载宋之问：

> 弱冠知名，尤善五言诗，当时无能出其右者。
>
> 易之兄弟，雅爱其才，之问亦倾附焉。预修《三教珠英》，

常扈从游宴。则天幸洛阳龙门，令从官赋诗，左史东方虬诗先成，则天以锦袍赐之。及之问诗成，则天称其词愈高，夺虬锦袍以赏之。及易之等败，左迁泷州参军。未几，逃还，匿于洛阳人张仲之家。仲之与驸马都尉王同皎等谋杀武三思，之问令兄子发其事以自赎。及同皎等获罪，起之问为鸿胪主簿，由是深为义士所讥。

睿宗即位，以之问尝附张易之、武三思，配徙钦州。先天中，赐死于徙所。

耕堂曰：陈子昂、宋之问同事武则天，为后人所讥，然情况甚不一样。其主要区别为：陈在做官过程中，言行正大；宋言行谄媚。且告发自赎，出卖朋友，市井所不忍为，出之于知名文士，其人格，不问可知矣。

唐太宗干掉了两个亲兄弟，才当上了太子。在他晚年，为了选定太子，真费了心思，曾急得"自投于床"。废了一个，选定一个，即后来的唐高宗。这个人实在不怎么样，昏庸无能，又弄出一个武则天来，杀了那么多无辜，用了那么多酷吏，闹了那么多丑闻。但因为是中国历史上惟一的女皇，历来被一些文人学士，另眼相看。其实，她对文人学士，也并没有什么好感。例如前面记的赠锦袍一事吧，就是拿两个文士开心。她是在举行诗歌大赛，发的是实物奖。她是皇帝，多预备几件锦袍，把得奖面扩大一些，或一年举行一次，使更多的人有机会获得这一荣誉，并不费什么，更用不着请别人赞助。她却夺一个给一个。被夺的当场无趣。得奖的，自己或以为荣，有识者或以为耻。

陈子昂忠心耿耿，给她上了那么多建议，临死之前，并没有得到她的保护。在武则天当权的时候，一些名臣良将，并没有辞职不干，不能单单责备陈子昂。

我在读小学时，就知道有个武则天。国文课本上有她的画像，头戴皇冠，很是美丽。究竟如何评价她，我还是相信骆宾王的讨伐文章。因为时间那么接近，能看出当时人民对她的想法。

后来也有皇后、皇太后，想向她学习，诛杀勋旧，提拔心腹。但成功的少，失败的多。也有人用诗文赞颂，都像一场幻梦过去了。得到锦袍的，只好收起，不再穿着了。

汉高祖听任吕后杀人，唐高宗听任武后杀人，包括他原来的妻子和亲娘舅，都是为了保住自己。再以后的事，他们是想不到也管不了。遇上这样的时代，做官和作文，都是很不容易的。正直的，自取灭亡，趋媚者，也常常得不到好下场。

宋之问还是唐诗名家，留下了一本薄薄的诗集。中国的文化传统，是宽容的，并不以人废言。文人并无力摆脱他所处的时代。也不是每个文人，都能善处自己的境遇的。

八、韩　　愈

《韩愈传》在《旧唐书》卷一百六十。传载：

父仲卿，无名位。愈生三岁而孤，养于从父兄。愈自以孤子，幼刻苦学儒，不俟奖励。

韩愈成进士之前，"投文于公卿间，故相郑余庆颇为之延誉，由是知名于时"。做官以后，"发言真率，无所畏避，操行坚正，拙于世务"。因此接连贬官，屡上屡下。

传中收录了他三篇文章：《进学解》、《谏迎佛骨表》和《祭鳄鱼文》。可见这三篇，在当时已被认为是他的代表作。

传又载：

愈性弘通，与人交，荣悴不易，少时与洛阳人孟郊、东郡人张籍友善。二人名位未振，愈不避寒暑，称荐于公卿间，而籍终成科第，荣于禄仕。后虽通贵，每退公之隙，则相与谈宴，论文赋诗，如平昔焉。而观诸权门豪士，如仆隶焉，瞪然不顾。而颇能诱厉后进，馆之者十六七，虽晨炊不给，怡然不介意……常以为自魏、晋以还，为文者多拘偶对，而经诰之指归，迁、雄之气格，不复振起矣。故愈所为文，务反近体，抒意立言，自成一家新语。

耕堂曰：由以上所记，可略知韩愈的性格及为人。韩愈没有祖上官荫，出身寒苦，他的性格比较开朗，遇事有耐力，遭到那么多的挫折，他顽强地活下来了。对朋友亲属，也多义举，对后学，非

　　　　　　　　　　中国文化传统是宽容的

常热心。作为一个文人，这都是好品质。文章能创新，自成一家，和他这些素质，也不无关系。

《柳宗元传》，亦在此卷中。柳，先世显赫，少年好胜，偶遇挫折，几乎一蹶不振，陷于绝望之境。他的性格脆弱，文章多反省之言，虽亦成家，其风格与韩文，乃大不相同。

文章，与遭遇有关，然与性格更有关。同时代，同遭遇，而文章判然有别，性格实左右之。

至于文风的改变，绝不是一个人的力量所致。《韩愈传》的开头，已提到：

> 大历、贞元之间，文字多尚古学，效杨雄、董仲舒之述作，而独孤及、梁肃最称渊奥，儒林推重。愈从其徒游，锐意钻仰，欲自振于一代。

《文苑》中《富嘉谟传》，亦载：

> 与新安吴少微友善同官。先是文士撰碑颂，皆以徐庾为宗，气调渐劣。嘉谟与少微属词，皆以经典为本，时人钦慕之，文体一变，称为富吴体。

所以说，文体的一次大变革，必须经多人的努力，时代的推移，才能成功。正如五四白话文体之兴，是经过前前后后，多少人的努力，又由思想革命的促使，才能一呼百应，普及天下的。但个人尝试提倡之功不可没，故胡适之为人推重。韩文起八代之衰的褒词，也是在成就大、有代表性的意义上提出的。

我的《韩昌黎集》，是商务印书馆涵芬楼大字排印本，毛边纸印，天地极宽，布函两套，今日已甚难得。而购置时，只花了六角钱。

有文才，不一定有史才。传记说：

> 及撰《顺宗实录》，繁简不当，叙事拙于取舍，颇为当代所非。

在我早年印象中，韩愈是个老夫子，非常古板。传记说他"拙于世务"，他自己也宣称，"受性愚陋，人事多所不通"。其实，也不完全是这么回事。

韩愈因谏迎佛骨，招来大祸，几乎杀头，流放到潮州以后，上表皇帝，文词凄苦，希望得到皇帝哀怜。能得到皇帝哀怜，并不是一件容易的事。他这篇表写得有路数，有策略，证明韩愈不只是个非常天真的人，还是个非常聪明的人。皇帝好长生，谏佛是错了。皇帝还好大喜功，喜欢人颂扬。他就在这方面做文章：

> 惟酷好学问文章，未尝一日暂废，实为时辈推许。臣于当时之文，亦未有过人者。至于论述陛下功德，与诗、书相表

　　　　　　　　　　　中国文化传统是宽容的

里，作为歌诗，荐之郊庙，纪太山之封，镂白玉之牒，铺张对天之宏休，扬厉无前之伟迹，编于诗、书之策而无愧，措于天地之间而无亏。虽使古人复生，臣未肯多让。

他的这些话，确实打动了皇帝的心，引出了怜悯之词！

宪宗谓宰臣曰："昨得韩愈到潮州表，因思其所谏佛骨事，大是爱我，我岂不知？"……乃授袁州刺史。

当然有的皇帝，就是说这些话，也不起作用。如清之乾隆，对待杭世骏（大宗），就是一例，必置之死地而后快也。

九、刘禹锡

同卷有《刘禹锡传》。

刘禹锡也曾卷进王叔文事件。传载："禹锡尤为叔文知奖，以宰相器待之。"是个重要分子。当时的侍御史窦群奏："禹锡挟邪乱政，不宜在朝。"群即日罢官。可见后台之硬，信任之专。传记并说："既任喜怒凌人，京师人士不敢指名，道路以目，时号二王、刘、柳。叔文败，坐贬连州刺史，在道，贬朗州司马。"又见招怨之深，报复之重。

但是，这一遭际，也大大助长了他的文学成就，并给了刘禹锡一个接近群众，体验生活，从民间艺术吸取营养的机会。

> 地居西南夷，土风僻陋，举目殊俗，无可与言者。禹锡在朗州十年，惟以文章吟咏，陶冶情性。蛮俗好巫，每淫祠鼓舞，必歌俚辞。禹锡或从事于其间，乃依骚人之作，为新辞以教巫祝。故武陵溪洞间夷歌，率多禹锡之辞也。

当贬官时，"有逢恩不原之令"。但政治空气，总在变化，后来"执政惜其才，欲洗涤痕累，渐序用之"。就是说，忘记他过去的错误，慢慢提拔上来，又终于遭到一些人的反对。

> 禹锡积岁在湘、澧间，郁悒不怡。因读张九龄文集，乃叙其意曰："世称曲江为相，建言放臣不宜于善地，多徙五溪不毛之乡。今读其文章，自内职牧始安，有瘴疠之叹。自退相守荆州，有拘囚之思。托讽禽鸟，寄辞草树，郁然与骚人同风。嗟夫，身出于遐陬，一失意而不能堪，矧华人士族，而必致丑地，然后快意哉。议者以曲江为良臣，识胡雏有反相，羞与凡器同列，密启廷诤，虽古哲人不及，而燕翼无似，终为馁魂。岂忮心失恕，阴谪最大，虽二美莫赎耶？"

这是因为自己失意，借题发挥，迁怒于人。不只进行人身攻击，还连上了籍贯遭际，也可以说是"失恕"了。我有《张曲江

　　　　　　　　　　　中国文化传统是宽容的

集》，广东丛书本，印得非常讲究，也附录了刘禹锡这段话。因为这段话，并不能损害张曲江的整个形象，只能说是形象中的一笔一画。即是做大官，就得提建议，定政策，立制度。不能因为后来他本人也出了事，作法自刑，就报以快意之辞。刘禹锡性格中的这一特征，贯穿在他一生之中，也没有改悔之意。作诗作序，多涉讥刺。"人嘉其才，而薄其行。""终以恃才褊心，不得久处朝列。"

耕堂曰：唐朝文士，必先挟文章以邀名誉，然后挟名誉以求仕禄。在此中间，必有依附，必有知与不知，必有恩怨存焉。

文人想做官，不可厚非。文人因性格偏激，感情用事，常常得罪一些人，并不奇怪。但他们不是得罪所有的人，他们还要依附一些人。依附必系权贵，权贵是多方面的，正在政治圈里，矛盾着，斗争着。这样，文士们就像坐在颠簸的船只上，前途未卜了。史称：刘禹锡，"甚怒武元衡、李逢吉。而裴度稍知之"。等到裴度失势，他就跟着下来了。

不过，刘禹锡的结果还不错，活了七十一岁。赠户部尚书。他还遗留下相当可观的诗文，因他曾充太子宾客，人称《刘宾客文集》，我有《丛书集成》本。

他虽然名位不高，当时的公卿大僚，都与之交。白乐天和他关系很好，对于他的诗才，很是推崇。认为像"沉舟侧畔千帆过，病树前头万木春"这样的诗句，神妙极矣。这两句诗，在"文革"时很流行，领袖吟咏，人皆以为是对被打倒者的嘲弄快意之词。但实是刘禹锡的失意自伤之词。大相径庭，大为误解矣。

十、元稹、白居易

《元稹传》在卷一百六十六。

元稹的十代祖，是后魏昭成皇帝。他八岁丧父，家贫，母亲教他读书，早年就成名了。

传记说："稹性锋锐，见事风生。"一生之中，虽然为皇帝所喜爱，却一直官运不顺，屡遭排挤。还遭遇过如下事件：

> 仍召稹还京。宿敷水驿。内官刘士元后至，争厅，士元怒，排其户，稹袜而走厅后，士元追之，后以箠击稹伤面。执政以稹少年后辈，务作威福，贬为江陵府士曹参军。

可以看出，唐时的年轻人，一旦显耀，容易遭到各方面的歧视。

元稹自述："初不好文，徒以仕无他歧，强由科试。"又说："自御史府谪官，于今十余年矣，闲诞无事，遂专力于诗章。"可见他的文学成就，也是由官运不佳逼出来的。

他在诗歌上的要求，努力的方向，是"常欲得思深语近，韵律调新，属对无差，而风情宛然"的作品。"思深"（即有思想深度），"语近"（即通俗），"调新"（即创新），"无差"（即合规律），有"风情"（即艺术性高）。这种主张，我以为，不只适于诗歌，也适

中国文化传统是宽容的

于一切文学作品，一切艺术作品。

他说自己在诗歌上的成就，以及为人处世，是"莫非苦己，实不因人，独立性成，遂无交结"。

我有《元氏长庆集》，白纸，四册，《四部丛刊》本。

《白居易传》在同卷中。他家世代做官业儒。居易幼年，聪慧绝人。

白居易和元稹一样，也是先以才名，见知于皇帝。出于忠心，好上书言事。因此，官运也不佳，还遇到过这种事：

> 宰相以宫官非谏职，不当先谏官言事。会有素恶居易者，掎摭居易，言浮华无行，其母因看花堕井而死，而居易作赏花及新井诗，甚伤名教，不宜置彼周行。执政方恶其言事，奏贬为江表刺史。诏出，中书舍人王涯上疏论之，言居易所犯状迹，不宜治郡，追诏授江州司马。

可见：先是有人罗织罪名，随后就有人落井下石，都是看当时的宰相，即执政的眼色行事的。这是官场上的习惯斗争方式。

好在白居易"儒学之外，尤通释典，常以忘怀处顺为事，都不以迁谪介意"。他对官场，也少留恋，很快就远离政治漩涡，宦而隐了。晚年过得还算不错。诗歌自编，分送佛寺，保存得法，后人才能得到一部这样丰富多彩的《白氏长庆集》。我有的是《四部丛刊》毛边纸本。

白居易的文学主张："文章合为时而著，歌诗合为事而作。"我是信奉不疑的。惭愧的是，自己因为各种原因，不能很好做到。

文人的不被人理解，文人的苦恼，古今一致。白居易说：

> 不相与者，号为沽誉，号为诋讦，号为讪谤。苟相与者，则如牛僧孺之诫焉。乃至骨肉妻孥，皆以我为非也。

他又说：

> 然仆又自思，关东一男子耳。除读书属文外，其他懵然无知。

其他一切，也就只能听之任了。"策蹇步于利足之途，张空拳于战文之场。""始得名于文章，终得罪于文章。"这好像是古今文人的一条规律。文学家的自白，能写得像白居易这样坦白自然的，还是少见。元稹的传记中，自叙之作，就有三篇。有上书宰相的，有上书皇帝的，有专为自己辩诬的，都没有白居易这篇写得好。

史书对元、白二人的比较是：

> 就文观行，居易为优，放心于自得之场，置器于必安之地，优游卒岁，不亦贤乎。

　　　　　　　　　　　中国文化传统是宽容的

耕堂曰：统观唐代文士，其有成就者，幼年多家境不好，自觉努力。及为政，多遇不顺，遭贬逐，然后放情于文字。当时文人，先应举成进士，做官后，就要应付皇帝，对付宰相、言官、方镇，以及中贵、美人等等，处境也是很困难的。其中，有政才者，遂以宦显，不失为功名。有文才者，虽政途多乖，终以文显。至于少数文人，过于疏放狂大，遭罹大难，亦有可取鉴者矣。

《元稹传》后附《庞严传》。此人为元稹和李绅所提拔。传记说他"聪敏绝人，文章峭丽"，为人有些类似元稹。"以强干不避权豪称，然无士君子之检操，贪势嗜利。因醉而卒。"读时牵连及之，本无可记。但他有一个朋友，名叫于敖：

> 李绅为宰相李逢吉所排，贬端州司马。严坐累，出为江州刺史。给事中于敖素与严善，制既下，敖封还，时人凛然相顾曰："于给事犯宰相怒而为知己，不亦危乎！"及覆制出，乃知敖驳制书贬严太轻，中外无不嗤诮，以为口实。

耕堂曰：这一段文字，类似小说家言，写得有声有色。可见古人，对于偶遇风险，友朋落难，就立即与他划清界限，并顺手下石的人，也是不以为然的。这种事情，也不知道是古代多有，还是近代多有。但自搞政治运动以来，其数量，必远远超越前古，则无疑义。为此行者已不只朋友间，几遍于伦理领域。人亦习以为常，不似古人之大惊小怪。传统道德观念，从此日渐淡薄，不绝如缕。

我少年时，追慕善良，信奉道义。只知有恶社会，不知有恶人。古人善恶之说，君子小人之别，以为是庸俗之见。及至晚年，乃于实际生活中，体会到：小人之卑鄙心怀，常常出于平常人的意想。因此，惧闻恶声，远离小人。知古人之论，并不我欺。变化如此，亦可悲矣！

　　　　　　　　　　　　　　　　　一九八八年六月

　　　　　　　（原载一九八八年七月十八日"满庭芳"）

题《明史纪事本末》

《丛书集成》初编，据《畿辅丛书》排印。

此书购置多年，从未读过。近日偶然翻阅明末野史，见《小腆纪年》多引此书，材料翔实，议论准确，乃觅出浏览。其叙事，简明有据，非一般野史可比。谷应泰议论，虽用典太密，然颇为平允，不失为大家之作。明史浩瀚，老年已无力读之，有此一书，藉知有明一代梗概。

此书当时购价，仅为一元六角八分，且分订为十册，不惜工时，可见当时出版家精益求精，为读者着想的精神。纸为道林纸，经历半个世纪，仍如新书，可不珍视乎？《丛书集成》零本，"文革"后，损失颇多，余尤为此书未被处理掉，而内心为之庆幸也。

一九九四年二月一日，为作一简易书套储之。芸斋记于阳窗下

清代文献（一）

《办理四库全书档案》陈垣抄出，前有民国二十三年王重民所写叙例，国立北平图书馆排印，线装二册。

办理《四库全书》，动议于乾隆三十七年，当时标榜的是"稽古右文，聿资治理"。要求各地"及时采集，汇送京师"，首先购觅书籍的条件是："历代流传旧书。"

紧接着，叫直隶、河南、山东三省，在"出产梨木之各州县，照发去原开尺寸，检选干整坚致合式堪用"的刊书梨板。

但是，圣旨传下去以后，将近一年的工夫，"曾未见一人将书名录奏，饬办殊为延缓"。申饬的口气还缓和，但点了近畿北五省，及"书肆最多之江浙地方"。要他们"恪遵前旨，饬催所属，速行设法访求，无论刊本钞本，一一汇收备采"。

第一次传下圣旨，居然没有一人应声，你以为那些督抚州县，竟敢这样玩忽法令吗？自然也不是他们

中国文化传统是宽容的

能沉得住气。他们已经手忙脚乱，动起脑子来了。这对各级地方官来说，是一次硬任务，他们自然而然地感到大的压力。在异族统治之下，经历康、雍两朝，一沾文字、书籍上的事，他们是心有余悸的。但他们在这方面，也积累了一些经验，他们明白，这是扰民的勾当，也休想在这件事上贪赏求功，只求无过好了。先不要走在前头，那没有什么好处。看看别人怎么办，再说。

但是管理文化方面的官员，沉不住气，于是安徽学政朱筠，先报了一批书。

皇帝指出，也要"无关政要"的近代著作。对他老家奉天，却特别通融，说那里"风俗淳朴，本少著述"，不必再行访购，以致徒滋纷扰。

乾隆三十八年，根据朱筠的条奏，拟定了采访遗书的章程，首先校核《永乐大典》，辑录善本。并奉旨"将来办理成编时，著名《四库全书》"。

《永乐大典》，藏在皇宫，即使缺失一些，可从一些名人家借补。民间的书，还是上来得寥寥无几，且不过近人经解、论学、诗文私集数种。

乾隆三十八年三月二十八日，奉上谕："此必督抚等视为具文，地方官亦必奉行故习，所谓上以实求，而下以名应，殊未体朕殷殷咨访之意。""此必督抚等因遗编著述，非出一人，疑其中或有违背忌讳字面，恐涉于干碍，预存宁略勿滥之见。藏书家因而窥其意指，一切秘而不宣，甚无谓也。文人著书立说，各抒所长。或传闻互异，或记载失实，固所不免，果其略有可观，原不妨兼收并蓄。即或字义触碍，如南北史之互相诋毁，此乃前人偏见，与近人无涉，又何必过于畏首畏尾耶！"

这一番话，不只有些提倡百家争鸣的气派，而且有点唯物辩证的历史观点了。但紧接着就说，如果你们再不紧办，"将来或别有破露违碍之处，则是其人有意隐匿收存，其取戾转不小矣"。

再一次点江浙诸大省的名，说那里著名藏书之家，指不胜屈。并"予以半年之限……若再似从前之因循搪塞，惟该督抚是问"。

命令两江总督，江苏、浙江巡抚，向各书贾客书船，探索各大藏书家书籍流落何方。并称淮扬系东南都会，商人中颇有购觅古书善本者，而马姓家蓄书最富，派盐政李质颖查办。

已经接近勒索了。在这种官府追逼威胁下，江南藏书家恐怖起来。四月，鲍士恭愿以家藏书一千九百余种，上充秘府。

奉上谕，进到之书，缮写后，发回原书。并命总裁，先编出一部荟要本，放在摛藻堂，供皇帝观览。

藏书家害怕，天一阁后人范懋柱等具呈，请"抒诚愿献"。奉上谕，"朕岂肯为之"。

七月，奉旨，调取各地学者邵晋涵、周永年、余集、戴震、杨昌霖来京，同司校勘。并封官许愿。

八月，嘉奖纪昀、陆锡熊，"二人学问本优，校书亦极勤勉。考订分排，具有条理；而撰述提要，粲然可观。均恩授翰林院侍

　　　　　　　　　　中国文化传统是宽容的

读"。此为纪昀在这一工作中，崭露头角之始。

九月，调任一些过去犯过错误的学者，如翁方纲、刘亨地、徐步云在四库全书处工作，免其处分。

十月，责成校对工作。《四库全书》，每日可得四十余万字，设有分校官三十二员。日后，拟添派复校官十六员。

插曲：各地"捐献"书籍，正在热闹，有个山西人，名叫戎英，到四库全书处具呈献纳自己的作品：《万年配天策》一本及《天人平西策》一本。遂即成为犯人，原审讯人判他"因事生风，妄希耸听"，拟把他遣发乌噜苏木齐种地。奉旨，"将该犯家内，逐一严查"。这简直是自投罗网了。

乾隆三十九年八月初五日，奉上谕："各省进到书籍，不下万余种，并不见奏及稍有忌讳之书。岂有裒集如许遗书，竟无一违碍字迹之理？况明季末造，野史甚多，其间毁誉任意，传闻异词，必有诋触本朝之语，正当及此一番查办，尽行销毁……若此次传谕之后，复有隐讳存留，则是有心藏匿伪妄之书。日后别经发觉，其罪转不能逭。"

以后办理《四库全书》的重点，就转移到审查和销毁违碍之书上去了。

清代办理《四库全书》，今日平心论之，有功有过，应该说是功大于过。这一措施，是对中国文化的一次认真整理，其中包括政治上的清理。它对中国文化，当然是一次严重的创伤，但并不是毁灭，并非存心搞愚民政策。它主要还是要保存、整理、传播文化。并非不分青红皂白，全部横扫。它的整理工作，是经过周密计划，周密组织，投放的人力很大，持续的时间很长，督课甚严，赏罚甚明。它用的人员大都是有真才实学的，当时孚众望的，并由许多大员统领之。对于编辑、审查、校对、印刷、装订，都很考究，积累很多宝贵经验。武英殿袖珍版的活字印刷术，在中外印刷史上，都大放光辉。

即就销毁而言，在书籍中究系少数，并有抽毁、全毁之别。此外，销毁的根据，是违碍，是诋毁本朝。这种定罪法，还是有局限的，也可以说是具体的，这方面的书籍，也是有限度的。并非提出海阔天空的口号，随意罗织任何书籍者可比。所用的是行政办法，审阅者为学者，当然他们承天子之意旨，但也是经过反复研究讨论，然后才定去取。并非发动无知无识者，造成疯狂心理，群起堆书而拉杂烧毁之。

尝思书籍之危，还不在历史上的焚书禁书，以及水、火、兵、虫之灾。因为书是禁不住焚不完的，可收一时之效，过后被焚被禁的都会再出现。清朝禁书那么多，真正绝灭的很少。最危险的，是像林彪、"四人帮"所为，以"革命"为旗号，利用军事政治威力，迫使群众以无知为荣，与文化为敌。当然这种做法，也只能是收效一时，人民总是需要文化的，能够觉悟的。

历史文化，为民族之精英、智慧的源泉。封建统治者，狃于"民可使由之，不可使知之"的反动学说，错以为人民越愚昧，越好驱使，越能战斗，进而迷信愚民政策，妄图毁灭历史文化，以延长其个人统治。把人民赶进黑暗的闸门，把学者挤到万丈的深渊，如此做法，其结果是毁灭一个民族的自尊心、自信心，是毁灭民族的创造力和战斗力。因为文化长期落后，锁国政策破灭，一旦接触外界进步文化，就不能抵御，就迷信崇拜，不能与之较量、战斗。雍、乾两朝大兴文字之狱，快一时之意，其实已使国家元气大伤，统治能力，也迅速走向下坡路，几代以后，即不能存其国家。然在当时，这两位皇帝还被誉为英明之主，这真是天知道了。

一九八〇年五月

清代文献 (二)

　　鲁迅先生在《买〈小学大全〉记》那篇文章中，称赞了过去故宫博物院出版的《清代文字狱档》。由于他的启发，我也买到了一部，共九册。六十年代初，我在北京参观了一次关于曹雪芹的展览，会上也陈列了这部书以表明当时文禁之严。但是，我仔细观察，它所陈列的，只是第九册，虽然也叠放了九本。因此想到，这部书已经不容易得到了，所以视为珍秘。在十年浩劫中，此书也被抄去，我当时想，这个书名，恐怕有些犯禁吧，是否要追问：你为什么买这种书？其实，这是我神经过敏，想得太多了，它终于没有丢失。

　　它这次回到家来，因为我也有了一番亲身经历，就不太重视它，过去大部都读过了。回想一下，其中虽也有几件大案，够得上"文字之狱"，但大多数却是小题大作。作文字的人，虽也充军杀头，妻子为奴，但那些文字，实在谈不上是什么著作。有的人，原来还是一番好意，想讨皇帝喜欢，得到一些名利

　　　　　　　　　　　　中国文化传统是宽容的

的。他兴兴冲冲把文字呈上去以后，不知触犯了皇帝的哪条神经，龙心没有大悦，反而大怒。因此就把脑袋掉了，实在是"无意中得之"的。并且，也总是连累很多人，拖很长时间，案牍往返，天下不宁。如果当时这位作者，明达冷静一些，不财迷心窍，天下原可以平安无事的。

例如雍正初年的汪景祺《西征随笔》案，当时皇帝看得很重，此书抄获以后，御笔在书的首页批注：

> 悖谬犯乱，至于此极！惜见此之晚，留以待他日，弗使此种得漏网也。

汪景祺的结局是：

> 立斩枭示。其妻子发遣黑龙江，给与穷披甲之人为奴。期服之亲兄弟亲侄，俱着革职，发遣宁古塔。其五服以内之族人，见任及候选候补者，俱着查出，一一革职，令伊本籍地方官约束，不许出境。

《西征随笔》这本书，故宫博物院先在《掌故丛编》连载，页码独自起讫，以备读者将来析出自订成书。还附有许宝蘅写的一篇《前言》，不过是告诫后人："君子其亦知所鉴乎！"后来又出了单行本。我在旧书店得到一本，不知出自谁家，好像长期掷放在厨房里，烟熏火燎，灰尘藏于书内，我在修整时，为细尘所染，不适者数日，曾书于书皮志戒。

看过以后，是一本很无聊的小书。作者并非文人，只是一个破落子弟，性情狂放，行为卑劣，自己洋洋得意，形之文字，实际上有很多不通的地方。此人被皇帝定为"大逆"，是说他"讥讪圣祖"。实际上他只是道听途说，而且也谈不上是什么严重的讥讪。如果当时他只是写来自己看看，放在书包里，是不会出什么乱子的。糟糕的是他把这本书，送给了大将军年羹尧，是从年的家中查抄出来，其中有大拍年羹尧马屁的信、文章、诗词。

皇帝正要定年羹尧的罪，得到了这样一本书，就成为一个突破口，成了年羹尧"大逆五罪"的一条，叫做"见知不举"。

送给别人一本书，人家大概也没有看，促成了大案，死亡两家，对人对己，都可以说是大不方便吧！

年羹尧原是雍邸旧人，是清世宗的心腹、走狗。在雍正初年，皇帝忙于兄弟间的斗争，西南一带也不平稳，年羹尧的官职，急遽上升，一直到"抚远大将军、太保、一等公、川陕总督"。

在这一期间，红极一时的年羹尧，确如汪景祺所颂扬的："阁下以翼为明听之才，当心膂股肱之任，君臣遇合，一德一心。"《掌故丛编》后来改名为《文献丛编》，在第一辑，刊有《年羹尧奏折》一束，第一折为奏谢貂皮褂等物，折后附有雍正皇帝朱谕：

　　实尚未酬尔之心劳历忠四字也！我君臣分中，不必言此些

　　　　　　　　　　　　中国文化传统是宽容的

小。朕不为出色的皇帝，不能酬赏尔之待朕；尔不为超群之大臣，不能答应朕之知遇。惟将互相……勉，在念做千古榜样人物也。

在这一束奏折里，主要是答谢皇帝的"宠颁"。其中有鹿尾、袍褂、茶叶、西洋规矩、东珠、珐琅双眼翎、鸟枪、平安丸、天王补心丹、自鸣表等贵重物品。可见君臣之间，不只推心置腹，雍正皇帝对年羹尧的关怀，真是无微不至了。

及至几个兄弟先后被迫害致死，西南一带也稳定下来，他对年羹尧的态度，就来了一个一百八十度的转弯。

据萧奭《永宪录》，最后是：议政大臣等，胪列年羹尧九十二大罪，请诛大逆，以正国法。

这九十二大罪，又分别归纳为：大逆之罪；欺罔之罪；僭越之罪；狂悖之罪；专擅之罪；贪黩之罪；侵蚀之罪；忌刻之罪。实际上有很多罪名，是强拉硬扯，随便上纲的。此案牵连的人很多，汪景祺并非知名人士，只是因为他这本书，才引起人们注意。

《文献丛编》还刊载了允禩允禟案。此案为清世宗剪除政治对手，颇为严重。允禩、允禟，均系世宗兄弟。这一辑刊有牵连人犯穆景远（西洋人）、秦道然（礼科给事中）、何图（允禟亲信）、张瞎子等人的口供单。

第二辑刊有雍正四年四月上谕："允禟交与都统楚仲侍卫胡什

里，驰驿从西安一路来京。"五月又命侍卫纳苏图至保定，传谕直抚李绂，令将允禵留住保定。李绂接此任务后，先后奏折九件，皆关允禵在保之事。

李绂身为封疆重臣，他接受的是一种非常严重，并非常不好掌握、不好处理的任务。如果不明皇帝内心本意，措置失当，或轻或重，均可招来杀身灭门之祸。好在李绂老奸巨猾，又深知雍正用心，没有大错，但也可从奏折中看出，他已经战战兢兢，神经紧张到几乎要失常之态。第一折奏报：

> 臣随飞檄密饬由陕至京沿途直隶州县各官，如遇允禵入境，即差员役密送至保，仍先行报臣等因去后。现在于臣衙门前，预备小房三间。四面加砌墙垣，前门坚固。至允禵至日，立即送入居住，前门加封。另设转桶，传进饮食。四面另有小房，派同知二员、守备二员，各带兵役，轮班密守。再允禵系有大罪之人，一切饮食日用，俱照罪人之例，给与养赡。

纳苏图回到雍正那里，说李绂有"便宜行事"的意思，李绂声称：

> 至于便宜行事，臣并无此语。原谓饮食日用，待以罪人之例，俱出臣等执法，非由上意耳。非敢谓别有揣摩，臣复折

　　　　　　　　　　　　　中国文化传统是宽容的

内，亦并无此意也。

读者注意："便宜行事"四字，关系甚大。所以李绂赶紧声明。允禵至保定后，李绂对他的四名家人，采取了一些"想当然"的措施，稍为严了一些，雍正在他的第四件奏折后批道：

此必是楚宗（仲?）的疯主意，李绂你乃大儒封疆重臣，岂可听彼乱为，不自立主见，此事大错了。

第五折，李绂奏报允禵晕死后苏，这已经到了关键时刻，雍正皇帝在折上作了很多批注：

今日仍是此旨，便宜行事，则朕假手于大臣，如何使得？

又恐李绂失于右倾，乃批：

正为此恐非过则不及也！

又批：

即此朕意尚未定，尔乃大臣，何必悬揣？

又批：

> 凡有形迹、有意之举，万万使不得。但严待听其自为，朕自有道理，至嘱至嘱！

奉到如此明确的谕旨后，李绂自然心领神会。谕旨的妙处在于：不留形迹，严待听其自为。不久，允禟就拉起痢来，不再进小屋，只是在门口躺卧。也不再到转桶那里去取饭食，很快就"病故"了。李绂上报，奉朱批：

> 好好殡殓，移于体统些房舍。

像李绂这样的大官，所用幕宾，都是高手。密议后所拟奏折，处处小心试探，自己留有余地，得到朱批根据后，再采取相应行动。所以如此敏感性的事件，他居然做得称旨，后来得到好处。据《永宪录》，那位都统楚仲，过了几年竟得罪咎。雍正说，叫他去"带领"允禟，他竟"用三条链锁拿允禟"，并错传李绂要"便宜行事"。其实，楚仲何尝不也是一番用心，想得到皇帝欢心，但他究竟是一个粗人，做事留有痕迹。终于下场不佳。

以上这些出版物，所载虽系零碎档案材料，但究系确凿有据的历史。读中国历史，有时是令人心情沉重，很不愉快的。倒不如读

中国文化传统是宽容的

圣贤的经书，虽都是一些空洞的话，有时却是开人心胸，引导向上的。古人有此经验，所以劝人读史读经，两相结合。这是很有道理的。

一九八〇年六月十一日

读《清代文字狱档》记

前　言

　　《清代文字狱档》，民国二十年五月，北平故宫博物院文献馆编印第一辑，六月出版第二辑。第三辑改题为故宫博物院·北平研究院出版。至第九辑，又改为国立北平故宫博物院文献馆出版。此盖官场建制之变易，实际工作人员，并未改动。

　　我购到九辑原印本，张继题署，线装，粉连纸，有行格，四号字精印。近闻上海古籍书店有重印本，未见。

　　据凡例，其材料来源为：一、军机处档；二、宫中所存缴回朱批奏折；三、实录。其内容为上谕、奏折、咨文、供状等。前八辑皆为乾隆朝案件，第九辑曾静一案，则上连雍正一朝。

　　此书购于"文革"之前，我好像粗略读过。今春无事，乃逐辑细读，记各案大略，并加分析，略有评

　　　　　　　　　中国文化传统是宽容的

论。随读随记，不知能否卒业也。

一九九五年二月二十一日记

谢济世著书案

（乾隆六年九月起，七年正月止）

皇帝不喜欢做官的人著书立说，谢济世做官又注经书，有人告发。皇帝着湖广总督孙嘉淦查办。上谕说：

> 朕闻谢济世将伊所注经书刊刻传播，多系自逞臆见，肆诋程朱，甚属狂妄。从来读书学道之人，贵乎躬行实践，不在语言文字之间，辨别异同。况古人著述既多，岂无一二可以指摘之处？以后人而议论前人，无论所见未必即当，即云当矣，试问于己之身心，有何益哉！况我圣祖，将朱子升配十哲之列，最为尊崇，天下士子，莫不奉为准绳。而谢济世辈倡为异说，互相标榜，恐无知之人，为其所惑，殊非一道同风之义，且是为人心学术之害。朕从不以语言文字罪人，但此事甚有关系，亦不可置之不问也。

此谕来势很猛。孙嘉淦随即从严办理，可能有些过头。皇帝又谕：

> 谢济世著书，识见迂左则有之，至其居官，朕可保其无
> 他也。

这样一来，孙嘉淦就明白，皇帝是保谢济世的，他不便再投井下石，就也转口说：

> 谢济世为人朴直，颇知自爱，其居官操守甚好，奉职亦勤
> 诚如圣谕，可保无他也。

只将书籍、版块销毁完事。皇帝最后朱批：所办甚妥，止可如此而已。

耕堂按：这是皇帝对谢济世怀恨不深，只是听了一些人讲他的坏话。大概后来看到，说他坏话的人，也有私心偏见，于是就如此结案了。这是一次有惊无险的文字狱，皇帝转弯之快，也是很少见的。

王肇基献诗案

（乾隆十六年八月起，本年九月止）

山西巡抚兼管提督事务，臣阿思哈跪奏：为奏闻事，窃照乾隆十六年八月初九日，据汾州府知府李果禀称：有流寓介休县居住之直隶人王肇基，忽赴同知图桑阿衙门，呈献恭颂万寿

　　　　　　　　　　　中国文化传统是宽容的

诗联，后载语句，错杂无伦，且有毁谤圣贤，狂妄悖逆之处。佯做似癫非癫之状。现在押发介休县收禁，跟踪来历，研究确实，另行呈报等语。臣查借名献颂，妄肆狂言，大干法纪。未便以其佯作疯癫，少为轻纵。臣恐该府县不知轻重，办理不善，臣随密嘱按察使唐绥祖，饬令该府，将王肇基押解赴省，并将所献诗联，封送查阅，以便臣与藩臬两司，亲加研审，务必追究来历，查其如何狂悖，有无党羽，讯得确情，恭折具奏，另行委办。一面密谕介休县亲赴王肇基家中，逐细搜查，有无收藏别样字迹及违禁器物，并查其同居，有无父母伯叔兄弟妻子，及平日交结何人，祖籍直隶何县，逐一跟追，悉心穷究，不许该府县稍有讳饰。

我连篇累牍地抄录奏折，是想向读者说明，清朝定鼎以后，经历顺治、康熙、雍正三朝，大规模的文字之狱，已经有过多次。一些封疆大吏和一些老练的幕僚师爷，都从中吸取了不少的经验教训。最主要的有这样几点：

一、遇到有关文字的案件，当地大员要亲自抓，且要一抓到底。

二、处理案件的尺度，要宁严勿宽，用今天的话说，就是要宁左勿右。法网要撒得远，撒得密，就是要广泛株连，不使一人脱漏。

三、要立刻派人去犯人家抄查，财产入册上报。

我们现在看到的这篇奏折，可以说是写得颇为得体，无懈可击，一定是出自老练的师爷之手，当然也和这位巡抚的做官经验有关。

上折奏事，可不是一件简单的事，弄不好，轻则申饬，重则交部议处，可以把官帽丢掉。

所以，奏事时第一要弄清朝廷的基本政策，或者说是"精神"。第二要了解皇帝当时的心理状态，或者说是"感情"。不然，你严了，他会说你不识大体，甚至说你不懂人事；宽了，他会说你"瞻顾"，甚至说你"徇私"。这些词儿，在皇帝的"朱批"中，是经常遇见的。

人人都愿做官，人人都愿做大官。其实做官有做官的难处，大官更有大官的难处。像这里说的这位山西巡抚，大概也是皇帝派下来的心腹。这些人自称是"满洲世仆"，"奴才"，为皇帝所"豢养"，办事可谓忠心，但还是常常因处理案情不当，受到责骂。

明白了以上道理，然后再去读读这篇奏折，你就可以知道巡抚措施之得当，以及奏折措词之得体了。

读《哭庙纪略》

二十年前，买得商务印书馆辛亥年排印本《痛史》一部，两函共二十册。书上盖有湖南大学图书馆圆形印章，文内偶有墨笔批注，字迹细小劲秀，不知出自何家之手。有蛀洞，我曾用毛边纸逐一修补过，工程繁重，非今日心力可为。书套上标进货价为四元七角，我购书时，价则为十五元，盖经贾人屡次倒手。

《哭庙纪略》① 为《痛史》之第二种。线装十二页，薄如小米粒，原定价一角。民国初年，印书尚如此不惜工本。如在今日，整部《痛史》，也不过平装一厚册了事。如要线装，每册定价，就不堪设想了。

这样薄薄的一本小书，拿在手里，轻如鸿毛。读时或走或立，或坐或卧，均甚方便。而字又为黑体四号，老年人最是适宜，所谓字大行稀，赏心悦目者也。读时很高兴，十五元没白花，经济效益实足当之。

然书的内容，则甚凄苦，使人不忍卒读，屡屡放

---

① 按：商务印书馆辛亥年排印本写作"《哭庙记略》"。

置，又重新拿起来，整整一个晚上才读完。

所纪为：清朝初年，江苏吴县有个姓任的县令，"至署升堂，开大竹片数十，浸以溺，示曰：功令森严，钱粮最急，考成殿最，皆系于此"，"国课不完者，日日候比。"国课就是钱粮，比，实际就是刑讯。过去审案用刑，都叫比。《四部丛刊》中有一部书，叫《棠阴比事》。至于打人的竹板，"浸以溺"是什么意思，则不甚了了。总之，他如此酷毒，打死了不少人，自己却从常平仓中，贪污了一千石米。

当地一群秀才，对这个县令，很不满意。不满意的原因，除去同情受害者，也可能有本身的理由。正赶这个时候，顺治皇帝逝世，哀诏传到了这里，地方官设幕府堂，哭临三日。秀才们乘此机会，把文庙的门打开，哭庙，要驱逐县令。

事情闹大，上司过问贪污一事，县令却说，自己到任不久，无从得银，"而抚台索馈甚急，故不得已而枭粮"。这样又把巡抚攀扯了进去。

但是，巡抚给皇帝上了一个疏。内容要点：

一、"看得兵饷之难完，皆由苏属之抗纳。"

二、秀才"厕身学宫，行同委巷。因哀诏哭临之日，正臣子哀痛几绝之时，乃千百成群，肆行无忌，震惊先帝之灵，罪大恶极"。

三、"县令虽微，乃系命官，敢于声言扛打，目中尚知有朝廷乎？"

四、"串凶党数千人，群集府学，鸣钟击鼓，其意欲何为哉！"

　　　　　　　　　　　　　　　　中国文化传统是宽容的

此疏一上，奉密旨，十八名秀才处斩，其中八个人包括金圣叹，妻子家产，还要籍没入官。巡抚当然没事，县令也复了官职。他回到衙门，"谓衙役曰：我今复任，诸事不理，惟催钱粮耳"，变本加厉了。

过去，有师爷、讼棍、刀笔之说。能够把有说成无，把无说成有。细玩此疏，可以领会其一二。其最大特点，为审时度势，激怒朝廷。当清初时，东南一带，还不巩固，时有叛乱。正在用兵，钱粮最为重要，聚众最为不法，秀才带头，尤触朝廷大忌。师爷们从这些地方入手，收到了预期的效果。我劝写文章的同志，看看历朝的官方文书，特别是清朝的各种档案材料。还有皇帝的谕旨，例如雍正皇帝的朱批谕旨，是很有好处的。这不是教人学打棍子，这是一种特殊的文体，常常是关系一人或许多人身家性命的文体。

一九八五年五月二十六日

读《丁酉北闱大狱纪略》

中国的科举制度，不过是朝廷取士的一种手段，士子上进的一个阶梯，但它却能在中国戏曲、小说、诗歌各个艺术领域，占很大位置，篇目繁多，层出不穷。并通过它，反映出伦理、道德，荣辱、沉浮，人生遭际和社会心理的各个方面。这不能不使人惊奇。

科举不单纯是可以考中秀才、举人、进士，主要是可以做官。做官就不是一个人的事了，它要影响家庭，影响父母、妻子、亲朋故旧。十年寒窗苦，一朝人上人。其中还富有偶然性，甚至戏剧性。京剧中的《连升店》，最能反映这一点。一旦中了，则为世俗景慕；屡试不第，就成了念书人最大的悲哀。

关于科举，我所知甚少，前些日子听说有一本专著要出版，也没得买到。至于八股文到底是怎么个做法，也一直弄不清楚。只知道，这件事很严重。考场叫闱，住房叫号，主持其事的，都是朝廷派的大官。主考官以下，又有很多房官。试题保密，卷子弥封，进场搜索，饮食大小便都不许出来。但还是有私弊。

中国文化传统是宽容的

有关节，有夹带，有冒名，有枪替。因此，科举史上，屡兴大狱。

《丁酉北闱大狱纪略》是《痛史》的第三种，也是薄薄的一册，书前有顺治十七年信天翁的题记。文字体裁，都不及《哭庙纪略》。

这是清朝初年科场的一次大狱，牵连很大，死人不少，被揭发的问题，主要是"卖关节"。

这批考官：

> 虽名进士，然皆少年轻狂，浮薄寡虑。其间虽未必尽贪财纳贿，而欲结纳权贵，以期速化，揽收名下，以树私人，其用心则同也。然径窦嘱托甚多，而额数有限。闱中推敲，比之阅文以定高下者，其心更苦。

考官斩首，新中式的举人，也都倒了楣，接连逮捕入狱。后经天子恩典，举行复试。"每人以满兵一人夹之"，士子们怕交白卷，遭极刑，只好战战兢兢"尽心构艺"。

然而，杀头也好，籍没充军也好，科场既是猎取名利的最有效手段，其中流弊就不能根除。清代中叶以后，朝廷对于此中的事，也就眼睁眼闭了。每到各省该放考官的时候，皇帝总是选出一些他所喜欢的在京文官，叫他们去充任"学政"，并下谕旨："某省着某某人去！"被命的人要陛辞谢恩。这是皇帝对他们的一种特殊恩典。知道他们当京官清苦，故意叫他们到外地去弄些"外快"。所以文官们都盼着这一任命，高高兴兴地离京，一路之上，遇见风景名胜，还要吟诗作赋，等任务完成，满载而归，再刻一本日记或诗集。

远在唐朝，就有人看出科举不是好办法，但碍于朝廷功令，大家只好走这一路。唐朝的许多诗人，都有进士及第的头衔，并不证明，这一制度，真能网罗人才，失去的，恐怕比得到的多。所以罗隐感慨地说，科举取士，"得之者或非常之人，失之者或非常之人"。明达之士，都不以中与不中论英雄。

平心而论，封建帝王选择了这样一种方法，也自有他的难处，不如此，又何以考成殿最，平息纷竞？他那时又不能成立人才开发中心，举行公民投票。这样做，权当抽签撞运罢了。

小说描摹科举的很多，以《聊斋》写得最好。作者一生考试不利，感触体会很深，所以写来入木三分。写得最好的，还是他那篇短小的故事，题目忘记了，故事是：兄弟二人同去应考，正值热天，婆婆监督两个儿媳厨房做饭。一会儿报喜的喊老大中了，婆婆就笑着对大儿媳说："你快出去凉快凉快吧！"大儿媳高兴地走了，只剩下二儿媳一个人擀面。过了很久，忽报二儿子也中了。二儿媳当即把面杖一扔，说："我也凉快凉快去。"

作家用很少的字，写出了应考时，一家人的心理，神情，焦虑，盼望，嫉妒，得意。人情世态，都在其中了。

一九八五年五月二十七日

　　　　　　　　　中国文化传统是宽容的

有那么一段时间，我向外地函购旧书，达到了恣意滥买的程度。存书中竟有这样两部：

一、《宦海指南》五种。包括：《钦颁州县事宜》、《佐治药言》（续言附）、《学治臆说》（续说附）、《梦痕录节钞》、《折狱便览》。

二、《增广入幕须知》十种。包括：《幕学举要》、《佐治药言》、《续佐治药言》、《学治臆说》、《学治续说》、《学治说赘》、《办案要略》、《刑幕要略》、《赘言十则》、《办公八字》。

两部书内，有好几种是相同的。我既不想做官，也不想入幕，不知道为什么买了这些书。

即使想做官入幕的人，这些书对他恐怕也没有什么用处，因为都是清朝时的文献。不过，《佐治药言》和《学治臆说》，还有《梦痕录》的作者——汪辉祖，却引起我很大的兴趣。从这里读到他的著作，我是很高兴、很有兴趣、很满意的。

汪辉祖，清乾嘉时浙江萧山人。那一带的读书人，如果科场不得利，多改业佐幕，就是后世所称的绍兴师爷。他的父亲，曾从事过这种职业，但很快就自动不干了，以为"有损吾德"。汪辉祖青年时，在做官的岳父那里，看到那些幕僚们收入不错，可以养家糊口，他也跃跃欲试。当他把这个愿望告诉家人时，他的祖母和母亲同声斥责他，叫他不要忘记父亲的遗言。汪辉祖郑重发誓以后，才正式当了幕宾。他先后在十几个州县官那里当刑名师爷，工作了三十多年，写了《佐治药言》一书。晚年得中进士，自己也做了一两任州县官，很快就退休了，又写了《学治臆说》一书。

他的《佐治药言》，当时就很有名，为人重视，因为都是根据他的见闻经验写作而成，他的文字也很通达简练。

师爷一职，名声本来很坏。汪辉祖也自称，从事这种职业，是"寄人篱下，鸡鹜夺食"。但这种职业，又关系人民的安危生死，至为重要。所以他根据这一行应有的职责道德，著书立说，以教后人。

他的书，一直到清朝末年，还不断为州县官翻印，是有价值的政书。《梦痕录节钞》，是从他晚年所写的回忆录，摘取有关幕职的片断而成，所以也列在这类书籍之中。

耕堂曰：汪辉祖在当时，既非文化界名流，亦非思想界领袖，不过是州县的一个幕僚。但他的著作，却不只受重视于当时，鲍廷博刻入权威性的《知不足斋丛书》，阮元为之作序，而且被推崇于后世，及至民国，仍为胡适、周作人辈所搜求。汪氏著书之时，不

　　　　　　　中国文化传统是宽容的

过是为了把自己从事这种职业的经验和见解介绍给同业者或初习者，并非有意邀取评论界的哄抬，或羡慕外国的奖金。当今之世，有文士焉，本无经历，亦乏学识，著书立说，不为社会效益着想，不为读者身心立意，空设玄虚之境，念念巫祝之辞，企图惑群招众，成立流派，自封教主，亦近狂矣。中华民族，并非如此等人所说的，那么愚昧，那么封建。自古以来，中国人对文化对书籍，都是有选择的，有见解的。主要是看你的书，是否实际，是否有用，是否引人向上。如果你写的书，内容无实际，所谈非经验，读后使人昏暗沉沦，即使你虚作声势，亮出旗号，人民也是不买你的账的。

中国人认为有用的书，必须：一、有义理。二、有辞章。三、有事实。如果，你所写的书，与以上三方面都不沾边，那就是无用的书，古人所谓灾害枣梨的书。江辉祖得著书立说之道，故其书人称为有用之书。

任何工作从事久了，富有经验，都可以写成一部书。这部书如果写得好，就不只对这一种职业有用，也会对其他职业有用。汪辉祖从事的职业目前已经没有了，但他的著作，还是有用处的。

一九八七年二月二十日

题《袁世凯奏议》

天津古籍出版社，一九八七年版，精装三册。余案头有近年出版物精装本数种。装订多不得法，料不能说不精，而工艺实在太差。多难于翻检，读时不能放平，盖操作者多乡下妇女，非专业也。此本较佳，厚薄适中，能翻开放平。

郑法清所赠，彼爱人为此书装帧，得有两部，法清知我喜读此种书，故特为相赠也。

奏议起于光绪二十四年（一八九八），止于光绪三十三年（一九〇七）。全书四十四卷，收奏片八百篇。原系绍兴沈祖宪所录，沈在袁幕二十余年，盖多出其手笔也。

从事文字工作，不可不读"奏议"。古代名臣之作，固无论矣。余读《东华续录》，曾、左、胡、李等人之奏议，多有佳作。曾、左多能文，其幕僚亦多高手。此编文字稍差，盖沈祖宪、吴闿生辈，均非此种文字程式之首选，而袁氏本人，一介武夫，对此亦不大讲求也。晚清皇室、内阁，正在手忙脚乱，对文字

中国文化传统是宽容的

已无暇多作挑剔，故奏议水平，亦降低要求。

此书校对不善，标点亦多可议之处。

一九九二年六月十二日下午

《李文忠公外部函稿》

"文革"前，自南京古旧书店邮购，线装十四册，价十元。有木夹板，已破碎，余黏合之。夹板上原有题字，即"译署函稿"。都是李鸿章寄交总理衙门的信函、文件和译件。光绪壬寅孟冬，莲池书社印行。书页夹缝，有"三号印一千"字样。

此书为桐城吴汝纶编辑，扉页题字，出自他的手笔，柳颜兼备。吴为清末古文大家，李鸿章得力幕僚，这些函稿，恐怕大部为他所拟。时间起自同治九年，止光绪二十年。

这一时期清朝处于外交多事之秋，蚕食瓜分，无日无之。朝廷处于皇皇不可终日之境，人民陷于水深火热之中。外侮日深，束手无策，群众起而反抗，反遭政府镇压，甚至滥杀本国人民，为帝国主义泄愤。民心失望，民气大伤，国家命运，已不可问。

当时李鸿章任直隶总督，通商大臣，实际上是清政府总理各国事务衙门的高参，但不能决策。政府倚靠他，又不完全信任他。曾国藩、左宗棠一些老人，

中国文化传统是宽容的

已经退去，李鸿章以办理洋务，成为重臣。曾、左、李都是镇压太平天国的干将，他们屠杀起义人民有经验，但对列强入侵，则只有退让容忍。一步一步地向后退，一方面给清政府"保留面子"，一方面又不敢过于激起民愤。处境十分狼狈，内心十分矛盾。

当时所谓洋务，实际就是传教、通商。外交则是割地赔款。读这部函稿，大者如天津教案，日本侵台，朝鲜事件，越南事件，派人员出洋学习，购买枪弹船炮……同时中国土地之上，不分水陆，无时无地，不发生洋务、外交事件。交涉，谋划，又无不是丧权辱国的结局。

事情已经过去很久，有很多悲惨景象，已被历史风雨淡漠。唯有城市乡村，残存的那些建筑、遗迹、口碑和传说，还包含着民族的抗争、屈辱和血泪。

书用粉连纸三号铅字排印，有栏格，颇清晰。书亦完好，只有一处虫蛀，破损二三页，书鱼做一窠，蜕化而去。

书出自南京，当为国民政府外交人员所用。然利用亦不多，一处用红墨水勾画，系李鸿章与伊藤博文对话。当年正是与日本外交频繁之时也。

此书对余本无用，然曾修整包装于一九七六年二月一日灯下，今又将第一册书皮上文字剪去，并浏览数日。清末外交，已如过眼云烟，所留存的事件详情，外交对话，皆反映一代真实，使后之读者，不无感慨。保定莲池，为余幼年旧游之地，过去只知有书院，不知有出版机构，此书之外，尚有何书，亦未详也。

一九九五年三月十四日记

　　　　　　　　　　　中国文化传统是宽容的

读《东坡先生年谱》

王宗稷编，在《东坡七集》卷首。

一

此年谱字数不多，非常简要。记述精当，绝不旁枝。年月之下，记东坡居何官，在何地曾作何诗文，以相印证。东坡诗文，多记本人经历见闻，取材甚便。诗文有不足以明，则引他人诗文旁证之。余以为可作文人年谱之楷模。

二

据年谱：苏东坡二十一岁举进士；二十五岁授河南府福昌县主簿；二十六岁授大理评事、凤翔府签判；三十岁判登闻鼓院，直史馆；三十四岁监官告院；三十六岁，因与王安石不和，通判杭州；四十岁，通判密州；四十二岁，知徐州；四十四岁移湖州。

此间出事，年谱云："是岁言事者，以先生《湖州到任谢表》以为谤。七月二十八日，中使皇甫遵到湖追摄。按子立墓志云：予得罪于吴兴，亲戚故人皆惊散，独两王子不去，送予出郊，曰：死生祸福天也，公其如天何？返取予家，致之南都。又按先生上文潞公书云：某始就逮赴狱，有一子稍长，徒步相随，其余守舍皆妇女幼稚。至宿州，御史符下，就家取书，州郡望风，遣吏发卒，围舩搜取，长幼几怖死。既去，妇女恚骂曰：是好著书，书成何所得，而怖我如此，悉取焚之。"

耕堂曰：余读至此，废卷而叹。古今文字之祸，如出一辙，而无辜受惊之家庭妇女，所言所行，亦相同也，余曾多次体验之。

然宋时抄家，犹是通过行政手段：有皇帝意旨，官吏承办，尚有法制味道。自有人提倡和尚打伞以来，抄家变成群众行动，遭难者受害尤烈矣。司马相如死后，汉武帝令人至其家取书（是求书不是抄家）。卓文君言："相如无书也，有书亦为人取去。"所答甚得体，有见识，不愧为文君也。朱买臣之妻尤有先见之明，力阻其夫读书，不听，则与之离婚，盖深明读书无益，而为文易取祸也。此两位妇女，余甚佩服，故曾为两篇短文称颂之。

四十五岁责授黄州团练副使。五十一岁哲宗元祐元年，入侍延和，迁翰林学士，知制诰。——这是苏东坡一生中最得意的几年，曾蒙太皇太后及哲宗皇帝召见，命坐赐茶，并撤御前金莲灯送归值所。

　　　　　　　　　　　　　中国文化传统是宽容的

耕堂按：这在旧日官场看来，是一种殊荣。但令不喜官场的人看来，这不过是妇人呴呴之恩，买好行善而已。

五十四岁，出知杭州。五十七岁在颍州。五十八岁再入朝，任端明、侍读二学士。五十九岁，即绍圣元年，又不利，出知定州、英州，再贬宁远军节度副使，惠州安置。过虔州，又责授琼州别驾，昌化军安置。即过海矣。六十三岁在儋州。六十六岁，放还，死于常州。

耕堂按："安置"即管制。后之"随意居住"，即解除管制矣。

三

纵观东坡一生为官，实如旅行，很少安居一处。所止多为驿站、逆旅、僧舍，或暂住朋友处，亦可谓疲于奔命矣。其官运虽不谓佳，然其居官兴趣未稍减。东坡幼读东汉书，慕范滂之为人，为母所喜，苏辙作墓志，及《宋史》本传均称引之。可知其志在庙堂，初未在文章。古人从不讳言：学而优则仕。因士子于此外，别无选择。如言：学而优则商，在那时则不像话。既居官矣，则如骑虎，欲下不能，故虽屡遭贬逐，仍不忘朝廷。

东坡历仁、英、神、哲、徽五朝，时国土日蹙，财政困难，朝政纷更多变，虽善为政者，亦多束手，况东坡本非公卿之材乎。既不能与人共事，且又恃才傲物，率意发言，自以为是。苏辙作墓志，极力罗列其兄政绩，然细思杭州之兴修水利，徐州之防护水灾，定州之整顿军纪，亦皆为守土者分内之事，平平而已，谈不上大节大能。此外，东坡两度在朝，处清要之地，亦未见其有何重大建树。文章空言，不足据以评价政绩也。

远古不论，中国历史上，在政治上失意而在文学上有成者：唐有柳宗元，宋有苏东坡。柳体弱多病，性情忧郁，一贬至永州，即绝意仕途，有所彻悟。故其文字，寓意幽深，多隐讳。苏东坡性情开放，乐观，体质亦佳，能经波折，不忘转机，故其文字浅近通达，极明朗。东坡论文，主张行所当行，止所当止，并以为文止而意不尽，乃是文章极致。然读其文章，时有激越之词，旁敲之意，反复连贯，有贾谊之风，与柳文大异。然在宋朝，欧公之外，仍当首选。其父与弟，以及王安石、曾巩，皆非其匹。以上数人，在处理政事上，皆较东坡有办法，有能力，因此也就不能多分心于文学。人各有禀赋、遭际，成就当亦不同。

苏东坡生活能力很强，对政治沉浮也看得开，善于应付突然事变，也能很快适应恶劣环境。在狱中，他能吃得饱，睡得熟；在流放中，他能走路，能吃粗饭，能开荒种地，打井盖屋。他能广交朋友，所以也有人帮助。他不像屈原那种人，一旦失势，就只会行吟泽畔；也不像柳宗元，一遇逆境，便一筹莫展。他随时开导娱乐自己，可以作画，可以写字，可以为文作诗，访僧参禅，自得其乐，还到处培养青年作家，繁荣文艺。然其命运，终与柳宗元无大异，亦可悲矣！

四

《宋史》本传，全袭苏辙所作墓志铭，无多新意，唯末尾论曰：

嗚呼！轼不得相，又岂非幸欤？或谓轼稍自韬戢，虽不获柄用，亦当免祸。虽然，假令轼以是而易其所为，尚得为轼哉！

还是有些见解的。

一九九一年八月十一日

读《伊川先生年谱》记

我读书不求甚解，又好想当然，以己意度古人文词，所以常常弄错。查词书的习惯也差。初中时，老师叫买《辞源》，我花了七块白洋买了一部丙种的，使用得不多，保存得很好。可惜在抗日战争期间，被汉奸抢走了。进城后又买了一部旧的，"文化大革命"期间，又被造反派偷去了。

比如"程门立雪"这个典故，本来一查就可明了的，可是我一直没去查考。因此，这个词儿，长期在我的脑子里形成的印象是：有两个弟子，去拜访程颐，程的架子很大，正在闭门高卧，两个弟子站在门外，天下着大雪，他们直直地立在那里不动。

晚年读了《朱子文集》里的《伊川先生年谱》，才知道并不是这么回事。原文为：

> 游定夫、杨中立来见伊川。一日先生坐而暝目，二子侍立不敢去。久之，先生乃顾曰："二子犹在此乎？日暮矣，姑就舍。"二子者退，则

中国文化传统是宽容的

门外雪深尺余矣。其严厉如此。

这说明，两个弟子是侍立在屋里，而不是站立在大门以外。是老师叫他们去睡觉的时候，出门来才看见下了大雪。

这里记述一下大雪，不过是为了增加描写的气氛。中国有许多散文，在结尾时，常常好用这个手法。这里，也反衬两个弟子侍立时间之长。

雪下到一尺深了，恐怕要有两三个小时才行。不过站在屋里，总比站在门外暖和多了，不然老师也不会老是闭着眼坐在那里。

这个典故是表明古人的尊师重道的。然而，老师不说话，闭着眼睛，也许是在想自己的心事，也许是对两个弟子无话可说，也许是今天心情不好。也不能因为这一件事，就给他下个"严厉如此"。因为另有记载："晚年接学者，乃更平易，盖其学已到至处。"

不过程颐这个人，确是有些言语和行动，不近人情。例如他给皇帝讲书，过去都是站着讲，他独独要求坐着讲，以明尊师重道。朝廷的体制，是那么随便改的？又如课间休息时，年幼的皇帝攀折了一条柳枝，他就说道："方春发生，不可无故摧折！"像训斥乡间小孩子一样，弄得皇帝"不悦"。连举荐他来的司马光，"闻之亦不悦"。和他同朝做官的苏轼、苏辙兄弟，对他也很不满意。苏轼在上给皇帝的奏折中就曾说："臣素疾程某之奸，未尝假以辞色。"

按说苏氏兄弟也属于司马光这一派，但他们是会做官的，是办实事的，是讲究通达的。对程颐这种过于矫饰的空言泛论，时常加以无情的讽刺，直至结下仇怨。当然，也有人说，其中掺杂着一些争名夺利的成分。

当时宰臣们荐举程颐的奏章，措词很高。其中谓：

> 言必忠信，动遵礼仪；矜式士类，裨益风化。材资劲正，有中正不倚之风；识虑明彻，至知几其神之妙。

但这些溢美之词，并不保证程颐有实际的工作经验和能力。到了京城，朝廷只给他一些管文化教育的闲散官儿做，除去叫他"说书"外，还叫他"兼判登闻鼓院"，就是叫他去管上访。他说"入谈道德，出领诉讼"，不愿意干。其实这倒是一件实际工作。

苏辙背后对太后说这个人"不靖"，就是说他不安分。但他为什么竟能享那么高的盛誉，而屡次为名公巨卿们所推荐呢？道理是：对宰臣们来说，他们能给天子找到这样一个刚正纯粹的大儒，以为是尽了自己的职责，为太平盛世添加了光彩。对程颐本人来说，既然自己是因为刚正纯粹，被朝野看重，就无妨再加大这方面的资本，弄得更突出些。

这也是一种进身之道。不过也埋伏下了危机。当时朝廷的政局，像棋局一样，斗争激烈。等到荐引他的一派人失势，他也就跟着倒霉。或者他的一些奇特的令人非议的行径，给反对派提供了口实，把账算在举荐他的一派人头上。所以后来，谏议大夫孔文仲奏程颐：

　　　　　　　　　　　　中国文化传统是宽容的

污下憸巧，素无乡行。经筵陈说，偭横忘分。遍谒贵臣，历造台谏，腾口间乱，以偿恩仇。致市井目为五鬼之魁。请放还田里，以示典刑。

以后又弄得"其所著书，令监司觉察"，"事下河南府体究，尽逐学徒，复隶党籍"。就是说，不只著作被禁，株连弟子，而且又被挂上黑牌了。

如果他老老实实，在乡下聚徒授书，恐怕就不会有这样的遭遇吧！

一九八四年九月十四日改讫

读《朱熹传》记

我现在读的《朱子文集》，是《丛书集成》中的正谊堂全书本，共十册。清康熙年间张伯行编订。我另有《四部丛刊》本《朱文公集》，也是十册，是根据明刊本影印的。两相对照，张本删去的东西很多，主要是诗和奏议。他所编入的书信问答，都是关于性理之学的论辩，所录少量杂文，也都是与理学有关的。张伯行是清朝的理学家，用各取所需的方法，编集了这部文集。纪晓岚在《四库全书总目提要》中，对此曾加以严厉评讯。

这样编辑的文集，当然是有很多缺点的。不过，商务印的这部《丛书集成》，书版小巧，印刷清楚，校对也算精审，读起来很方便。而我那部《四部丛刊》本，因为是缩印，字体有些模糊，老年人读起来费力，只好作为参考之用，束之高阁。

张本前面附有《朱熹本传》。

熹生于建炎四年。成名很早，年十八贡于乡，中进士第。但官一直做得不顺利，有人为他统计，"登

中国文化传统是宽容的

第五十年，仕于外者九，考立朝仅四十日"。主要是因为他的主张，与当时的朝论不合，皇帝不肯重用他。淳熙六年，朱熹上疏言事，皇帝读了大怒说："是以我为亡君也。"宰相赵雄言于上曰："士之好名，陛下疾之愈甚，则人之誉之益众，无乃适所以高之？不若因其长而用之，彼渐当事任，能否自见矣。"上以为然。

这是宰相替他说了好话，救了他。历史上常有这种例子，有人自以为忠，向皇帝直言进谏，结果惹得皇帝大怒，闯下杀身大祸，这时就常常有人，从旁讲这一类好话，使言者转危为安。不然，这也要看在什么时候，遇见什么皇帝。南宋之时，国家偏安，人才为重，注意影响，皇帝的脾气也好些。如果遇到的是清朝雍正、乾隆那样的"英明之主"，就不听这种劝告。他们要想对付哪一个人，是先收集能使此人名声扫地的"材料"，或是动用酷刑，叫他招承一连串耸人听闻的罪状。这样一来，就是杀了这个人，他的名誉也不会再在群众中存在了。

因为朱熹赈济灾民有方，皇帝称赞说："朱熹政事却有可观。"可见他还是有一些实际工作能力的。《四部丛刊》本的文集中，就保留了不少他从吏时的文书。

但他是继承周、程之学的，不甘心做地方官，而是想把他心目中的道统，推行于天下。他屡次上书，都是不合时宜的话，既惹得皇帝厌烦，也得罪了不少权贵。于是他的下场，就和他的前辈程颐一样了。

先是吏部尚书郑丙上言："近世士大夫，有所谓道学者，欺世盗名，不宜信用。"后来监察御史陈贾又对皇帝说："臣伏见近世道学，其说以谨独为能，以践履为高，以正心诚意克己复礼为事。若此之类，皆学者所共学也，而其徒乃谓己独能之，夷考其所为，则又大不然。不几于假其名以济其伪邪？"

这样，政府开始禁止他的学说。

后来因为他得罪了韩侂胄，韩竟诬他"图谋不轨"。把他和他学生定为"伪党"、"逆党"，有人还上疏"乞斩朱熹"。

此时，他的"从游之士，特立不顾者，屏伏丘壑，依阿巽懦者，更认他师，过门不入。甚至变易衣冠，狎游市肆，以别其非党"。这种情景，和十年动乱中有些人的遭遇何其相似！也可以说是够悲惨够凄凉的了。他活了七十一岁，死后才得平反。

我对朱子的学说，因为缺少研究，不敢妄加评议。但我尊重这位学者，我买了不少他的著作。除了两种文集外，寒斋尚藏有《朱子年谱》一部，他辑录的《三朝名臣言行录》和《五朝名臣言行录》各一部，《近思录》一部。此外还有《诗集传》和《论语集注》等。

他的一生，除去极力宣传他的正心诚意的学说，还做了很多有价值的学术工作，古书的整理集注工作。不过我也有些管窥之见，以为：孔子的学说，本来是很实际的、活泼的、生动的。孔子的言论，很少教条，都是从经验得来，从实际出发，以启发的方式，传给弟子。因此能长期不衰，而为历代帝王所重。而性理之学，把圣人的学说抽象了，僵化了，变为教条，成为脱离实际

中国文化传统是宽容的

的意识活动，一般人既难以理解，难以领会，做起来也很困难，没有一定的标准。因此，也就常常与追求实效、习惯变通的政治，发生抵牾和矛盾，作为点缀还可，要想施之行政，就不为政治家所喜欢了。

一九八四年九月十五日

读《求阙斋弟子记》

一

求阙斋，系曾国藩斋名，撰者王定安曾供职他的幕中，小有文名，过去提到的《湘军记》，也是他的著作。文师桐城，对自己的史才，也颇自负，实际上并不高明，但史法还是可以看出一些来的。这部书，实际上是曾国藩的传记资料。

据扉页，此书光绪二年，刊于都门，版存琉璃厂东门桶子胡同龙文斋。李鸿章题署。

书价十六元，购自何地，已不能记忆。白粉连纸印，刻工不精，笔画时有错乱，京版之通病。有七千卷书楼孙氏记印章，朱、黄二色断句，通读到底，可谓用功之士矣。

全书共十六册，三十二卷。分《恩遇》，《忠谠》，《平寇》，《剿捻》，《抚降》（李世忠），《驭练》（苗沛霖），《绥柔》（包括天津教案），《志操》，《文学》，《军

中国文化传统是宽容的

谟》,《家训》,《吏治》,《哀荣》等节。

此书购于读太平天国史料兴趣正浓之时,然书到较迟,不久即逢浩劫,未及细读。今又检出,心情已非往日。太平天国史料,多已束之高阁,兴趣已成过去。写来写去,读来读去,所谓天国之梦,不过惊醒于"自相残杀"四字而已。非曾氏兄弟之功业也。

当金田骚动之时,天主耶稣,本非中国之物,塾师炭夫,亦非群众景仰之人,何以登高一呼,万夫云从?此因人民深陷水火,求生之念甚切,亟思有人拯救,并不顾及前途吉凶,到底如何。遂于短期之内急转直下,掩有半部江山。曾、左之徒,初以封建道统,号召地主子弟反抗异端,而旷日持久,未见成效。终以天国内讧,乃告功成。此非曾、左封建道统之胜利,乃洪、杨本身封建道统之胜利也。历史如此嘲弄人民,可不知畏乎?

今读此书,《平寇》一节,略而不读,从《剿捻》开始。

由弟子记其先师言行,成为著述,古代多有。《论语》就是一部弟子记。但像《求阙斋弟子记》这样卷帙浩瀚的书,还是少见的。这是因为曾国藩去世不久,威名未消,他手下文武,仍在掌权。把老师的文功武略,弄得冠冕一些,大家的脸面,都会增添光彩。

曾国藩对付太平军,是用深沟高垒,长期围困的办法。对付捻军的办法,则经过几次改变。最初,鉴于僧格林沁的惨败,他向皇帝疏奏:他本人不能骑马,不能像僧亲王那样,身不离鞍,昼夜穷追。他主张用重镇堵截的办法,并说这是他的所长。然而他的措施并不见效，引起朝廷的不满，有的御史还上折子，请求对他"略加贬抑"，朝廷虽然没有采纳，但对他的态度，已经远不像"发逆"未平时那样倚重了。

后来，他又采用追、堵并重的办法，收效也不大。捻军之败，还是败在潘鼎新属下的洋枪队上，正像帝国主义参与其间，遂使太平天国失利一样。

捻军的马队，实在厉害。王定安描述道：

> 然旋灭旋起，且益狡悍。每侦官军至，避走若不及，或穷追数昼夜，乃返旗猛战，以劲骑分两翼，抄我军马。呶人譊慓，疾如风雨，官军往往陷围不得出。贼尤善用长矛，巨者逾二丈。我军以枪炮轰击，贼马闻枪声，腾扑愈猛，瞬息已逼阵，枪不得再施。又喜以一步夹一骑，为团阵滚进，官军以此益畏之。

曾国藩屡次承认，官军的马队，远不及捻军。不过他提出的清圩政策，确实给捻军造成了很大的困难。王定安写道：

> 自捻逆扰乱以来，据蒙、亳村堡为老巢，居则为民，出则为捻，若商贾之远行，时出时归。其回窜也，皆有莠民勾引。

清圩以后的情形，则是：

厥后任赖由泗、宿入怀远，牛烙洪由永城入亳州，皆欲回巢，纠党装旗。各圩寨闭门与贼绝，贼徘徊怀远，几及一月，卒不得逞。从此贼遂四出不归，以迄于灭。

但是，曾国藩的"剿办流寇，原不可以无定之贼踪，改一定之成局"的老成持重的主张，因师老无功，朝廷不再耐烦，就叫李鸿章把他换掉了。

同治七年正月，西捻首领张宗禹，从陕西转战到京畿以南，雄县一带。京师戒严，清廷大恐，几乎把全国得力的将领都调来会剿。左宗棠到了定州，他向皇帝疏陈的方略中，也有一段对捻军的描述：

臣维捻匪惯技，在飘忽驰骋，避实乘虚。始犹马步夹杂，近则掠马最多，即步贼亦均乘马。临阵则步贼下马，挺矛攒刺，而骑贼分剿官军之后。其乘官军也，每在出队收队，行路未及成列之时。遇官军坚不可撼，则望风远引，瞬息数十里，俟官军追及，则又盘折回旋以疲我。其欲东也，必先西趋；其欲北也，必先南下。多方以误我……

从以上所引，可略见当时捻军之声势、军容、战术，以及进止聚散的情形。此次，捻军曾打到我的家乡安平、深泽、深县、饶阳一带，给当地人民留下了深刻印象。我幼年还听到母亲讲"小阎王造反"的故事，当时不知小阎王是谁，现在才知道是张宗禹的绰号。

那么多马队，驰骋在大平原，可谓壮观。闭目凝思，宛如再现。故乡近代，凡经战争逃难生活三次：一即小阎王造反；二义和团抗击洋人；三抗日。前二次，母亲一辈经历之。

一九八七年八月二十六日记

二

王定安撰写的《求阙斋弟子记》中的《家训》部分，实际就是我们常见的《曾文正公家书》，不过免去了上下款及年月日。分为《寄诸弟》、《寄弟国潢》、《寄弟国华》、《寄弟国荃》、《寄弟贞干》、《谕二子》、《谕子纪泽》、《谕子纪鸿》。所收亦略少，只有薄薄一册。

中国自古以来，有很多家书、家训行世。然多流传不广，有些只存在自家的祠堂中。曾国藩的家书，却不得了，流传了几十年，差不多读书人家，都会有一部。因为他是近代"闻人"，官职又高，他的思想，为封建统治者所推崇，儒学子弟所信仰。"五四"以后，才逐渐冷落下来。但在一部分家长心中，还认为是教育子弟的必读之书。

我上中学的时候，父亲寄给我一部《曾文正公家书》，是大达图书公司的排印本（即当时所谓一折八扣书）。父亲还附了一封信，大意是：他幼年家贫，读书不多，今以此书授我，愿我认真阅读。信写得很带感情。我年幼不懂事，那时正在阅读革命书籍，对曾国藩等人很反感，且甚瞧不起大达印的书，随即给父亲回了一封信说：以后不要再买这种书，这种书在保定街头，到处都有，没有人买……我想父亲接到信，一定会很不高兴，但也没有来信责备我，以后也没有再给我寄过书。我带回家中的书，父亲从来也不看，也不问，只说我是个书呆子。中年以后，我才认真读了这部书。

因此我想到：所谓家书、家训之所以流传，不一定是因为它的内容，多半是由于写信人的权势和声望。他的说教，即使当时，受信人也不一定听信。例如曾国藩的家书，前后言论，并不完全一致。对于一个人，例如对曾国荃，在曾国荃未显达与已显达之后，所谈所论，就有很多不一样。有很多顺时应势，矛盾依违，甚至吹嘘拍马之辞。这还说得上是兄弟间的真诚感情吗？

再说，家庭已经是朱门侯府，子弟已经是纨绔少爷，还教他"书、黍、鱼、猪"，会有效果吗？

对于广大读者，则有环境和时代不同，心意能否相通的问题。我幼年时，在中学课本上，读曾国藩的家书，就觉得不如读郑板桥的家书亲切。因为郑虽是县令，他弟弟究竟是农民，和我的生活距离小，所谈事物，容易理解。曾国藩是太子太保，是爵相，即使他谈的也是普通道理，总觉得和我们平民的心思，不能相通，因此也就不能完全相信，总觉得其中有什么虚伪的地方，言行不一致的地方。

这当然不是一笔抹杀曾国藩的家书。他的家书，自有它多方面的价值，现在还有很多人在研究。另外，他的家书和他同时代的要人们的家书相比，在指导读书、谈论诗文、讨论书法、研究刻书等方面，见解虽不见得高明，读后还是使人有些收获的。比起左宗棠的家书，就显得有学问多了。左氏的家书，我有仿宋排印本两册。其中多谈家务杂事，少谈文史。

至于时代不同，思想变化，那就更难说了。我认为，现在不会有家长，再叫孩子们去读曾氏家训。八十年代的中国青年，将不知他的"进德、修业"为何物。

我的结论是：凡是家书、家训，只能对当家长的人，有影响，有用处。对于青年人，总是格格不入的。

但是，什么话也不能说得太绝对。听说，曾氏的后人，情况还是不错的。这也可能是他们先世的遗泽，包括家书、家训，起了一定的作用。

耕堂曰：咸、同之世，湘乡曾氏，号称伟人。对内尽忠于异族，对外屈膝于列强。接连讨伐起义之民众，极尽残酷。杀人日多，声势益隆。曾氏自言其初衷：为解君父之忧，不畏后世之讥。后虽亦自省：内疚神明，外惭清议，盖饰词耳。早已盖棺论定，实已无案可翻。然政治风云，究非个人私事，时代如彼，对曾氏亦应论世知人。

当其显赫之时，正如长江上往来船只，无一艘不插曾氏旗号，

中国文化传统是宽容的

他的一言一行，亦无不为人师法。其所著述，人手一编，众口一词，不敢异议。然仅至民国初年，新的学说兴起，革命者已视彼为粪土矣。因知伟人之言论，其价值，随时代之变化，或因其权势之消长，必有所升降。其升也迅，其降也速；其势也隆，其消也无声。万世不移，放之四海而皆准，乃夸张之说法。伟人之论如此，名人之论亦如此。在历史长河中，一种言论，一种学说的沉浮现象，是常见的。它是与时代要求、社会现象相关联的。但一种学说沉落之后，有机会再为浮起，无论如何，不会再有当年的声势和影响。对曾国藩的家书、家训，也要这样去看。

一九八七年九月二日写讫

三

"天津教案"列在本书的《绥柔》中一章。著者王定安记其梗概云：

> 同治九年五月二十五日，上谕曾国藩，着前赴天津，查办事件。初天津有奸民张拴、郭拐以妖术迷拐人口，知府张光藻、知县刘杰捕诛之。而桃花口民团，复获妖人武兰珍。兰珍迷拐幼孩李所，鞫讯得实。讪言受迷药于教民王三。闾阎大哗，疑西洋天主教堂所嗾，或言洋人抉幼孩目，剖其心为药

料，城外义冢内尸骸暴露，皆教堂所弃。津民益怒，时相聚语谋报复。三口通商大臣崇厚檄天津道周家勋等，会法国领事官丰大业，至天主堂公讯。兰珍语言殊支离，案弗能决。适士民观者麇集，偶与教堂人有违言，抛砖石相击。丰大业负气，径至崇厚公署，诉其状。崇厚出见，以枪狙击不中。崇厚抚慰之，且戒勿轻出激民愤，弗从。恚愤出署，路遇杰，复以枪击之，误伤其仆。居民见者皆哗噪，殴丰大业毙焉。遂焚毁教堂洋房数处，教民及洋商死者数十人……

著者对这次事件的叙述，还是比较真实客观的，也很简练，头绪也清楚。在叙述中，又以夹注的形式，引用了当时天津知府张光藻写给曾国藩幕宾吴汝纶的信，详细地叙述了事件的经过，并在文字中透露了知府本人的看法。这是官场的一种手法，所谓先通关节，以便使即将来查办此案的曾国藩先入为主，听信他的报告。

但现任直隶总督的曾国藩，已经是久经仕宦的老奸巨猾，他所注意的不只是下情，更注意的是上情——即朝廷的意图。而朝廷的意图，又是常常变化的，对涉外的事件，尤其如此。掌握不好，不只于事无补，甚至会弄得身败名裂。所以，这次皇帝（实际是慈禧太后）叫他查办此案，对曾国藩来说，实在是一个大难关，关系他一生荣辱利害的大考验、大关键。

我有一部石印的《曾文正公手书日记》，不妨再利用一下。在日记第三十六册，五月十五日，他上了续病假的折子。但朝廷催得

　　　　　　　　　　　中国文化传统是宽容的

紧，他在二十六日记道："廷寄派余赴天津查办事件。因病未痊愈，踌躇不决。"二十七日记道："思往天津查办殴毙洋官之案，熟筹不得良策，至幕与吴执甫一商。"三十日记道："天津洋务，十分棘手，不胜焦灼。"六月初二日记道："余日内因法国之事，焦虑无已。"初三日记道："将赴天津，恐有不测，拟写数条，以示二子。"六月初六日记道："是日启行赴天津。"二十二日记道："因奏请将府县交刑部治罪，忍心害理，愧恨之至。"二十四日记道："崇帅来谈，夜接廷寄二件，罗使照会一件，阅之郁闷之至，绕室行走而已。"二十五日记道："是日竟日昏睡，盖心绪烦闷，而病又作也。"七月十六日记道："非刑拷讯习教人，坚嘱拿混星子及水火会。"八月十九日记道："是日天津陈镇及委员二人，在余寓审案，敲挞之声，竟日不绝。"

在知府写给吴汝纶的信中，是痛爱自己的"子民"，反对崇厚的袒护教民和向洋人屈服的。但崇厚是旗人，又是当时执政的恭亲王手下的洋务得力人士，曾国藩不得不分清轻重，分清去向。与崇厚这个有强硬后台的人，站在一边，当然是上策。他迁就法国公使罗淑亚的要求，奏请将府县交刑部治罪（罗淑亚的要求，是将天津府县抵命）。这样做不能不引起朝野的议论。朝廷固然害怕外国人，但一时也不好大伤人民爱国御侮之气，一直在观望，没有决心。曾国藩对朝廷最终还是要屈服于外人这一点，尤其明白。他洞悉清政府的实力空虚，外强中干，反复无常的习性。他下定决心：不惹恼外国人。他警告朝廷：自道光以来，对外常常是"先战后和"的，也就是先硬后软的。又说：现在外国还是强盛的。外国人是只重实力，不讲道理的。他先辩挖眼剖心之说，纯属谣言，然后捉拿凶犯，迅速结案。

王定安记述，当曾国藩初到天津，曾张榜通衢，"仰读书知理君子，悉心筹议。于是至公署条陈者，或欲借津民义愤，驱逐洋人；或欲联俄、英之交，以攻法国；或欲调集兵勇，以为应敌之师。公既谕津民不许擅起兵端，其致崇厚书，有祸则同当，谤则同分之语。报友人则云：宁可得罪于清议，不敢贻忧于君父"。

这就是说，他不听或没心思听群众那些很正确很有见地的建议，而是一心一意保定清王朝，也就是保定他自己的官帽。

此案，"正法之犯二十人，军徒各犯二十五人"。其中有冯瘸子、罗生瓜旦子、小锥王五等名号。多系拷打成招，即所谓"但取情节较真，不能拘守成例"，变通办理，而定案的。其结果，曾国藩自己承认："民气既已大伤，和局仍多不协，不能不鳃鳃过虑也。"

人民反抗的骚乱，表面被压制下去了。但人民的愤怒之火，不会因压制而熄灭。压制越重，复燃之势也越凶。它种下了义和团兴起之火。

耕堂曰：平心而论，外交固以国势强弱为准。然清王朝何以衰败至此，还不是因为连年剿杀过多，使国家菁英，陷于无类。曾、左、胡、李，实参与执行，尚望此等人，珍视民气、民心？此次所开外交模式，不只为以后李鸿章、袁世凯所重蹈，民国以后之外交

　　　　　　　中国文化传统是宽容的

亦因循之。呜呼，实国家民族深重灾难之源也。曾国藩复郭筠仙中丞书："然古来和戎，持圆之说者，例为当世所讥，尤为史官所贬，智者有戒心焉。"其内心矛盾，自亦可见。然利令智昏，遂使有些中国人，在外国人面前，低三下四，恬不知耻矣。

一九八七年九月八日写讫

　　广西通志馆编，中华书局影印，线装一册。此书用吕集义到曾家所摄照片十五幅，对校曾国藩删节过的九如堂刊本《李秀成供》，将一部分删去文字用朱文补入。

　　李秀成自述，余先后买过三种：除此书外，还有罗尔纲所编《忠王李秀成自传原稿笺证二种》。材料来源，大致相同，但此本醒目，故珍藏之。

　　偶然翻阅所增朱文，一处，李秀成说："迷迷蒙蒙而来，实不知今日繁难也。"又一处说："迷迷而来。"

　　参加革命，何谓"迷迷而来"？但也不能怀疑李秀成故意撒谎。他说这种话的意思是：革命之兴，风起云从，万物随之飘动。李秀成正在少年，自然对革命发生强烈的向往，踊跃随之。并未想到革命道路上的诸多困难，以及最后的自相残杀的大悲剧。所以他说："实不知今日繁难也。"这是他的痛心之言。不知何以曾国藩也要把它删去。

　　　　　　　　　　　　　　　一九九五年四月十四日

中国文化传统是宽容的

《辽居稿》

这也是罗振玉的著作，石印写本。开卷是罗氏自作小序，全文如下：

岁在戊辰，为予自海东返国之十年。人事益乖，衰迟增感，浩然复有乘桴之志。爰遣朋旧，卜地辽东，逮乎孟冬，结茅粗毕，遂携孥偕往，戢影衡门。辽东山海雄秀，暮春三月，草木华滋，此土人士，载酒看花，殆无虚日。而我生靡乐，寤寐永叹，山静日长，摊书自遣而已。百余日间，遂得小文七十首。自避地以来，海内外知好，多邮书存问，并征近著，乃编为《辽居稿》一卷，将以遗之，俾读此编者，如见老学庵中灯火也。己巳冬上虞罗振玉书。

如果不知道罗氏的历史和为人，千百年后，于旧书堆中，发见此文，披而读之，岂不叹为佳作，抑扬顿挫而诵之，在心目中想象的，又岂不是一位去国怀乡、遭遇不幸、淡于名利、悠然南山的隐士吗？

然而，文章不能脱离历史制约而单独存在。它要伴随的东西很多。

罗氏当时，正在忠心溥仪，往来日本，为建立一个傀儡小朝廷而奔走。当时的辽东，也不像他描述的那么美好，人民也不是那么悠闲。日本侵略的铁蹄，日益深入，人民处于水深火热之中。稍有血气者，无不志在恢复已失的疆土，驱逐日本侵略者。

人之一生，行为主，文为次。言不由衷，其文必伪；言行不一，其人必伪。文章著作，都要经过历史的判定与淘汰。

一个人的历史，更是难以掩饰的。你的言论，有耳共听；你的文字，有目共睹。批判会上的发言，贴在墙上的大字报，虽事过境迁，终有人记得。一位下台的革委会主任，曾对我说，某些被他"结合"的"老干部"，曾如何多次给他写信。我想，如果这位主任，也有机会写回忆文章，把这些信件的内容，透露一二，将使那些直到今天，还自称是"老革命"的正人君子，脸上无光。

当然，学术也要与政治有所分别。罗振玉写的金石跋尾，后世一些专家学者，还是要参考的。

一九九五年四月十三日上午

中国文化传统是宽容的

《言旧录》

南林刘氏嘉业堂刊。

大开本，所用连史纸，质地之佳，几如宣纸，余有《嘉业堂丛书》数种，皆为毛边纸，独此书特为精良，纸白如雪，墨色如漆，展卷如对艺术品，非只书也。

此书为常熟藏书家张金吾自撰年谱，前有其夫人所为序，及黄廷鉴所作《张月霄传》。书末有刘承幹跋。刘氏如此看重张金吾，精印其书，也是惺惺惜惺惺，因同为藏书家。另刘氏所印丛书，内容及印刷，皆为上乘，故当时一经传播，竟引起鲁迅的注意，不惜亲自去刘宅买书。屡遭冷遇，也不灰心。

当藏书家也不易，书中记载其祖上藏书楼大火一次。又一次记载其藏书之失：

> 七月二十九日，从子承涣，取爱日精庐藏书十万四千卷去，偿债也。忆涣为予作贻经堂铭曰：达士旷怀，岂计长久，空诸一切，贻于何有？

不竟成此举之谶耶！

张氏于其侄巧取豪夺其藏书，甚想不开，以为聚之二十年，散之一日夜。并不明其侄此举，是为名还是为利。噫，张氏究为书呆子也。不知藏书之家，本有名利两途：书之用也，则为名；书之售也，则为利。书亦物质，并非神物，其遭厄也，古有四端：水火兵虫（鼠）。除此，又有抄家一厄，古之抄，进入官府；近之抄，毁于红卫兵。四厄改为五厄，即水火兵虫红。

张氏失书，不在四厄之内，不过从这一家转到另一家，仍为藏书。后日有的藏书，又能因为利，流入海外，命运就更惨了。张氏早卒于道光年间，幸未见之。

一九九五年四月十一日下午，风

中国文化传统是宽容的

《曾文正公手书日记》共四十册，四函。宣统元年，上海中国图书公司石印。

前有王闿运序。

一九六二年春天，我寄寓北京锥把胡同河北省驻京办事处，有病不能上街，托张翔同志购得此书，还由中国作家协会开一证明，此盖内部掌握之书也。从书后印记看，此书来自济南，原来定价甚微，一至北京，则加价一倍以上。京师人物荟萃之地，物价亦必随之增长。

浏览一过，亦无甚可观。此人名重，然其书法，实不甚佳。为京官时，似甚用功，间有日课，崇尚理学，所作字或草或楷，并皆庸俗。从所记琐事中，可略见其为人。例如此人用一女婢，写信给他的父亲，声言此女极丑，这有什么必要？其九弟（即曾国荃）在他处寄居时，兄弟颇不和，涉及他的内人婢仆，他写信给家中，引咎自责，均属虚伪。居京官时，常为会馆办些公益事，乡人有婚丧，他去主事，利用这些机会，锻炼办事应对能力，则不无可取。文人厌俗，以致终生不堪任事负重，曾非文士，有这种见解，从小事做起，故以后能担当统治者委托给他的重任。

及至与太平天国作战，本想从日记中看到一些珍贵材料，然记载越发零碎，不得要领。此王闿运所谓，当时与彼共事者能知之，非后人所能知者也。

及任直隶总督，处理天津教案时，所记材料，有些可取。当时朝廷惧洋媚外，他奉旨做些不得人心之事，自叹为"伤天害理"，似尚有天良者。然天良自天良，倒行逆施的行动，并未稍减。

日记中，有当时灾区人肉价目表，读之令人心悸。

中国文化传统是宽容的

《能静居士日记》

《能静居士日记》著者赵烈文，载中华书局出版的《太平天国史料丛编简辑》第三册，系节录。

赵烈文为曾氏兄弟幕宾，攻破南京时在场。所记甚为详细真实，是日记中的佳品。

如记曾国荃督战破城后，归来时的狼狈形象，以及随之而来的骄盈。正在关键之时，不听赵的进言，竟进房大睡其觉，致使李秀成率队，穿上清军服装，混出城去。如非农民告发，后事殊难定局。记城破之前，所有清军人员，不分文武，都预备筐笼箱箧，准备大发其财。报功封爵，多有假冒。记忠王被俘之初，曾国荃向之刀剟锥刺，以胜军之主将，对待败军之俘虏，竟如青皮流氓，报复私仇。并记在这种情况下，忠王的言词表现。又记，当一帮幕客去看被俘忠王，忠王竟向这些人谈起夜观星象等语。赵烈文等答以只要朝廷政治清明，动乱自然平息等语。读之，均不胜感慨。天朝以互相猜忌，自相残杀，遂使大业倾于将成，金田起义时灿烂众星，纷纷陨落。千百万农民战士，顿时风流云散，十四年争战经营，一旦土崩瓦解。狂澜既止，龙虎无踞。忠王末路，哀言求生。此千古大悲剧，志士仁人，扼腕痛心，无可奈何者也。将革命大义，幻为私利者，当负此责乎？自我得之，自我失之矣。曾氏兄弟，侥幸成功，真如前人所谓：世无英雄，遂使竖子成名。

又如记曾国荃笼络士兵，为其效死。士兵负伤后，令其口嚼人参，然后将渣滓，敷于伤口。声言如此可以起死回生。以致湖南人参，被购一空，参价百倍高于人价。又记曾国荃得势后，如何搜刮财物，兼并乡里，大置田产，均系曾国藩亲口对赵烈文所谈。

看来，小人物的日记，比起大人物的日记，可看的东西就多了。这是因为小人物忌讳较少，也想存些史实，传名后世。

　　　　　　　　　　　　　　中国文化传统是宽容的

《翁文恭公日记》共四十册，涵芬楼影印。后有目次，始自咸丰八年，终于光绪三十年。末有张元济跋。

翁为两朝（同、光）师傅，官至大学士，入军机处。其父、兄均居政府、军事高位，侄子又中状元，门第显赫。又值国家动乱多变之秋，他的日记部头又如此之庞大，我买来时，是抱有很大希望的，而且逐年逐日读下去，及至终卷，失望得很。

比如当两个幼年皇帝的师傅吧，当时我想，他这个小学启蒙老师，和我在乡村私塾，所体验的教鞭生涯，恐怕有很大不同吧？结果，什么也看不出来。他每天进宫教学，有时只记"龃龉"或"大龃龉"，我领会就是教学很不顺利的意思。但究竟发生了什么故障，他从不具体说明。

他记得比较具体的是买字画，买字帖，吃鱼翅，送子侄入考场，替皇帝办山陵工程……这些琐事。甚至和一些重要人物的交往，他也不记。比如和康有为的认识交往，记得若有若无，在疑似之间。

对于政局的矛盾、困难，他自己的遭逢感受，也不记载。只是到了后来，废职家居，才有时透露一些恐怖埋怨之情，也非常隐晦。

从如此大人物的日记里，看不出时代的、政治的波浪起伏，实在使人感到遗憾。但他的行书小字，写得实在漂亮，读着空洞无物的日记，欣赏流畅秀美的书法，也算是收之桑榆吧。

张元济说他的日记，"小心寅畏，下笔矜慎"，并深以他的遭遇不及宋之司马、欧阳为恨。历史是不能如此比较的。同为皇太后，或为圣母，或为灾星，这只是客观事物的一个方面。这个方面，是不能孤立存在的。她们的存在，必有其历史的土壤、雨露、气候。大臣自身，即应列入以上三者之间，起到什么作用，是因"己"而异，因"人"而异的。并不能完全怪罪女人们。

我看此人，并非政治上的干材，也只是一个书生。凡是书生，当政治处于新旧交替转折之时，容易向往新者。而本身脆弱，当旧势力抬头，则易于馁败，陷于矛盾。古今如此。

我尚有燕京大学图书馆民国二十八年影印的《翁文恭公军机处日记》，共二册。所记更为简略，系备忘性质。

中国文化传统是宽容的

《缘督庐日记钞》，长洲叶昌炽著，王季烈辑，上海蟫隐庐石印，十六册两函。前有目录，始自同治庚午，终于民国丁巳。

叶昌炽是一个学者，他著的《语石》，是研究石刻的体裁很好、很有见解的书，商务印书馆列为《国学基本丛书》之一。他著的《藏书纪事诗》，搜采藏书逸事典故，甚为完备，诗亦典雅。这个人做学问的态度，是很严肃认真的。他代潘祖荫家编的丛书，校勘精细，惜字体太肥大，这恐怕和他的视力不佳有关。

他只是一名翰林，出任过学政，没有做过显要的官。

他的日记是摘抄，数量已经可观，但内容也是叫我失望的。他最有兴趣的，是经幢石刻。因此整部日记，几乎有一半篇幅记的是购买经幢、考订经幢。他是金石家，把范围定得很小，很具体，因此研究成果也特别精细。他是经幢的专门收藏家、鉴赏家、学者。在这一范围，可以说前无古人，后无来者。这种治学方法，是很值得学习的。

他也经历了清末民初的政治变革，但所记亦寥寥。如庚子事变，八国联军进京，他是目击者，所记一般，无可采择，甚为可惜。

这是一位保守派，对革命以后的社会生活，甚为不满。民国后，他还常穿戴翰林的服装，出门去给人家"点主"，遭到群众的围观讥笑，使他颇为难堪。可谓不识时务。

颇似一书呆子，然又自负知人之明。长沙叶德辉去与他联宗，遭到他的拒绝。据他说，是看到叶德辉的眼睛里，有一种不祥之光，断定他不得好死。不幸而言中，这倒使人不知他所操何术了。

日记抄得很工整，字体遒劲，也可作临池之用。

日记这一形式，古已有之，然保存至今者寥寥，每种篇幅，亦甚单薄。至晚清，始有大部头日记，最煊赫者为《越缦堂日记》。此记我未购买正本，只有《越缦堂日记补》十三册，及《越缦堂詹詹录》二册。后者为作者之侄所辑录，以事相系者也。

我尚有《湘绮楼日记》，为涵芬楼排印本，两函三十二册，印制甚精美。越缦所记，多京居琐事，可见此人生活、性情。但涂抹太多，阅读不便。其内容以读书记为最有价值，自由云龙辑出后，此记遂可覆瓿。湘绮为晚清诗文大作家，并经历过同、光以来国家政治变动，然从他的日记，实难看到重要史实，正像他自谦的，所记多为闾巷之事、饾饤之学，治学亦不及越缦堂之有系统。此外，新印的《林则徐日记》，文字简洁，记事真切，尚有可观。

日记，按道理讲，最能保存时代生活真貌及作者真实情感。然泛览古人日记，实与此道相违。这是因为，人们虽然都知道日记对历史人生，有其特殊功能；但是，人们也都知道，这种文字，以其是直接的实录，亲身的记载，带着个人感情，亦最易招惹是非，成为灾祸根源。古今抄家，最注意者即为日记与书信。记事者一怕触犯朝廷，二怕得罪私人。古人谈日记之戒，甚至说："无事只记阴晴风雨。"如果是这样，日记只能成为气象记录。

可以断定，这些大部头的日记，经过时间考验淘汰，千百年后，也就所剩无几了。目前所以是庞然大物，只因为还是新出笼的缘故。

我一生无耐心耐力，没有养成记日记的良好习惯，甚以为憾事。自从读了《鲁迅日记》以后，对日记发生了兴趣，先后买了不少这方面的书。小本的尚有《郭天锡手书日记》，都穆《使西日记》，薛福成《出使四国日记》，潘祖荫《秦辅日记》，董康《东游日记》，赵君举《三愿堂日记》，汪悔翁《乙丙日记》，《寒云日记》等。最后一种，为袁世凯之二公子袁克文所作，阅后已赠送他人。

日记，如只是给自己看，只是作为家乘，当然就不能饱后人的眼福。如果为了发表，视若著作，也就失去了日记的原来意义，减低了它的价值。这实在是这一形式本身的一大矛盾。

六十年代初期，我曾向各地古旧书店，函购书籍，索阅书目，购买日记的人很少，所以容易得到。当然，如果细心钩稽，还可以得到一些有用材料。但我只是浏览，所获仅仅如上。

一九八○年四月

　　　　　　　　　　　　　　　　中国文化传统是宽容的

《使西日记》

　　《使西日记》二卷，线装一册。一九五九年中国书店影印嘉靖刊本，字方大清楚。日记为明都穆所著，正德八年，都奉使赴宁夏，经河北、河南、陕西。所历名胜、古迹甚多，日记多有记载。都穆好考古，有学识。所编《金薤琳琅》一书，甚有名。

　　余因体弱，不喜旅行。即河北各县，所至亦少。又值战争动乱，虽身经之地，亦很少探访古迹。晚年足不出户，反倒喜欢一些舆地之书。此书购置多年，从未读过，昨今两日，把它读完。都氏日记，甚为简略，记于旅程，无暇铺张。然所记各事，了如指掌，文字功力甚厚。

　　　　　　　　　　　　　　一九九五年四月十四日下午

《郭天锡手书日记》

元郭畀著。一九五八年，上海古典文学出版社影印九百本，价二元三角。

据后记介绍，此日记曾有横山草堂刻元郭退思《云山日记》二卷本，又有《古学汇刊》排印本，还有《知不足斋丛书》节本。

此影印本，附有校记，与前二种刊本对勘，但因并未附有任何释文，使读者莫名其妙。如以郭氏手书日记为书法作品，就应该由美术出版社印；现既由文学出版社印，则应附录一种刊本，以便对照阅读。字帖后面还附有释文，况文学作品乎！郭氏虽系行书，然字颇草，有很多字认不清，真是苦事。这样一来，既欣赏不了文学，也无暇欣赏书法，可谓两误事矣。

一九九五年四月二十日中午

中国文化传统是宽容的

《汪悔翁乙丙日记》

线装，四号字排印本。价八角。书缝下端有"明斋丛刻"字样。扉页为丙子三月念园题署。

此日记为江宁汪士铎梅村原稿，邓之诚文如辑录。原稿甚乱，整理后尚不易阅读，没有标点，很多地方，难以断句。

前有邓之诚民国二十四年十月长序，首谓：

> 晚近治洪、杨史事者日多，诚以洪、杨创业，垂统历十有五年，兵锋所及，达十六省，摧陷六百余城。当道、咸之际，外侮凭陵，朝政日非，洪、杨投袂，起于金田，由桂入湘，顺流而下，奠都金陵。复渡江北伐，又复夹江西上，摧枯拉朽，所过如入无人之境。亦以山陬海澨，尚有故国之思，豪杰之士，欲倚洪、杨以立功名。饥寒亡命之徒，蚁聚蜂屯，往往不招而致，故其部众数百万人……

邓之诚为历史学家，所写长序，有声有色。概括了太平天国，从起义到"君殉国灭，十余万人，同日自焚而死，无一降者，何其烈也"的曲折悲壮的历史。也涉及曾、胡诸人平定这次农民革命的策略。

日记的作者汪士铎，当太平军攻入金陵时，他陷在城中，后来逃出，两个女儿，死于战乱。

邓之诚在序中，极力称赞这个人物，如何足智多谋，为曾、胡所器重。但从他的日记，实在看不出他有什么异乎常人之处。他遇难时，六神无主，措置失当，身家不能自保。对于财物，则斤斤计较，一分一文，都记得清清楚楚。我真怀疑，这样的人，能成大事，能治国安邦。

曾、胡所以捧他，大概因为他是一个名士。所谓名士，就是能说大话，不能做实事，乡谚所谓"说大话，使小钱"的人。

我看日记中，他所发的议论，如生齿过繁，政治腐败，为致乱之由。战乱时，应崇尚申韩，少用文人，多招亡命，也都是老生常谈。最使人吃惊的是，这位尼采式的人物，对于妇女，竟如此不敬。他写道：顿觉眼前生意少，须知世上女人多。他主张："弛溺女之禁，推广溺女之法，施送断胎冷药。家有两女者倍其赋。……严再嫁之律，犯者斩决。……广清节堂……广女尼寺，立童贞女院……"他说女人多是致乱之由。

他认为，以上这些主张和措施，是"长治久安"之策。据说，汪士铎如此仇视妇女，以半边天为敌，是因为他娶了一个刁恶的继室。这当然有些弗洛伊德的味道。但如此残酷的主张，竟形之文字，就有些不正常了。无怪他一生潦倒，到老年当上国子监助教，大概还是有人给他说情，才有了一个副高级职称。

书后有邓之弟子谢兴尧和俞大纲的跋，得知邓氏尚抄有汪悔翁遗诗，邓所著《清诗纪事》，舍下只有初编，恐汪氏之诗，及其事

　　　　　　　　中国文化传统是宽容的

迹，不在其内。

以上是我一窥之见，不能说汪氏的全部言论，都无道理。

一九九五年四月二十四日上午

《翁文恭公军机处日记》

民国二十八年六月，燕京大学图书馆影印，线装二册。

第一册，未标年，从二月初一日至八月二十四日。第二册，从光绪九年八月二十五日至十年三月十一日。两册衔接，时间一年有余。

翁氏原为光绪师傅，光绪亲政后，得入军机，位至相国。这段日记，当是他执政时所记。但不久即因政变被贬。此日记亦不知是否全本。

我另有翁氏日记全部四十册，可以对照阅看，但已无此兴趣。

此日记，所记甚简略，如记事簿。主要有如下几项：旨，重要折片，发下的封奏，发往各地大员的廷寄。遇有召见，则题于日记上方，不记内容。

观此日记，才知道什么叫日理万机。

翁氏写一手漂亮的行书小字，这本日记，虽然不及他青年时日记的秀丽，还是可以看出他的书法的功力：快，清，秀。

日记除军国大事外，也记一些民间情状，如北京旗民妇女开烟馆赌局，苏、杭、上海等处，恶妇开花烟馆。学政勒索新进童生，每名三四十金或百金，至少十八两（上册六十六页）。这也可以说是清朝末年腐败现象的反映。

一九九五年四月二十六日上午

《三愿堂日记》

丹徒赵君举著，连史纸影印一册。价一元。

书前有柳诒徵序，谓赵氏日记，年竟一册或二三册，没齿不懈。其孙鸿谦无力全部影印，先印一册。

据书后鸿谦跋，其祖父日记，自道光戊申，装订成册者，共二十二册。此处尚有散页两束。今所印者为道光己酉岁一册。

所记可谓浩瀚，柳诒徵至以与清代三大日记相比拟。然日记亦有幸有不幸，赵君此册印行后，以其字体为细小行草，一般人阅读不便。此或因影印时缩小，或因日记作者寒士惜纸，原书如此。总之销路不畅，难以收回成本，以后似亦未再印其他。

有清三大日记，翁以相国之尊，王以文士之重，李以名士之奇，皆具极高之声誉，其日记亦具极大之吸引力，故能有影响极大的出版机构，为之出版。这种出版物，亦非普通读者能买得起，只能存之大图书馆或高贵人家客厅的书架上。也不一定有多少人去利用。更实事求是地说，这些名日记，也不一定就都有那么大

　　　　　　　　中国文化传统是宽容的

的学术价值。《湘绮楼日记》，印得那么精美，读起来实在清淡寡味。

赵君举一寒士也，观其自订年谱，一生馆幕，从未发达。所记，因字小难于细读，然柳氏序称：

> 其关于朝章国故者，虽较瓶庐为逊，而谭艺稽古，觇缕佚闻，旁及民生物力之消息，可备史料，不在越缦、湘绮下。

其文字之谨严深厚，尤可与三家颉颃。当非虚言。

书内夹有广告一纸，赵氏除日记外，尚影印有《三愿堂遗墨》，附述其身世，惜余未得见也。

一九九五年四月二十七日上午

《西征日记》

古棠汪振声录，光绪二十六年庚子八月开雕，书缝下端有"梦花轩"字样。价一元。

作者身世不详。据自序，曾于上海江南机器制造局工作。后随该局负责人冯卓儒，去甘肃办事，从兰州东归。他先从上海坐轮船至汉口，后经河南、陕西至甘。水陆所经，逐日记之，主要着意于山川名胜，地理风俗。所记颇得体要，并附歌咏，盖亦能文之士也。日记起于光绪三年三月，终于次年三月，整整一年。作者文末云："追忆前游，忽忽如梦。"其记陕西大旱：

> 至西安省城，寓城外太白庙。时设粥厂，赈济饥民，远来就食，接踵于道。小儿女乞卖于人，莫有一顾。饿死者日以千计。沿途树皮草根，剥掘殆尽，或易子而食，甚有人死两三日，复掘而脔分其肉。富者握金银，不得一饱。此历来未有之奇灾也。

其实，这种灾情，在历史上屡见，陕西尤甚，可惜国人易忘，故此不幸亦不能绝也。

此书亦从南方邮购，多年未读，今昨两日，才把它读完。

一九九五年四月二十七日下午

《秦輶日记》

这是潘祖荫在咸丰戊午年，奉旨为陕甘正考官的日记，副考官为翁同龢。

我前记此书为刻本，非，乃西泠印社吴氏聚珍版。潘氏所行路线，亦不同于都穆《使西日记》。此皆素日读书不精细之过也。

书后有山阴吴隐跋，即吴氏聚珍版主人也。知此书以前尚有京版印行。吴跋谓：

> 日记中多唱酬诗词，足征声应气求之雅。间及山川形胜，
> 宾朋晋接，乃至古迹金石，尤足资考证，备掌故。

名流之日记，其价值亦止于此矣。但潘氏诗词，不脱馆阁浮艳
之体，无可读者。

一九九五年四月十八日

《越缦堂日记补》

影印，十三册。民国二十五年十月，商务印书馆初版，次年二
月再版，当时定价十二元，可谓贵矣。我购于解放后，处理价只
六元。

书的题签及印行缘起，均为蔡元培所作。缘起写于民国二十二
年十月一日，蔡时任国立北平图书馆馆长。缘起要点：

民国九年初印《越缦堂日记》五十一册。根据李莼客的自述，
有一部分没有印行。莼客的原话是："平生颇喜鹜声气，遂陷匪类，
而不自知。至于累牍连章，魑魅屡见。每一展览，羞愤入地。"因
此，这一部分日记，"或投之烈炬，或锢之深渊，或藏之凿楹，以
为子孙之戒"。

初印日记之时，主持此事的浙江公所，就尊重他的意见，把这一部分搁置起来。但人死得久了，子孙们也都不那么关心了，他的话也就不大算数了。这次主持印务的是国立北平图书馆，请钱玄同检阅一遍，认为李莼客所虑，无关宏旨，而且许多处文字，他自己已经剪截涂抹过了，不会再引起麻烦。因此主张援初印之例，仍付影印。这就是这十三册《日记补》出版的经过。

原有五十一册，再加上这十三册，《越缦堂日记》就还差樊樊山借去的八册了。蔡氏希望樊的后人把这八册也献出来，使它成为全璧，好像没有下文。

原印五十一册，寒斋未及购存，只是在别处借阅过。后来见到这十三册《日记补》，就买了一部，藉见李氏日记之一斑。

鲁迅先生曾谓：记上的还抹掉，不记的就更多了。是对李氏日记的微词。翻阅他的日记，常遇到漆黑一片，或抹来抹去的地方，看起来实在不舒服。可见此翁，心猿意马，变化无常。从上面所引他的一段自述，也可以看出他的性格和文风。

我老年眼力差，已不愿再读这样紊乱的文字，说实在的，虽然佩服他的学问，对他的尖刻的文风，也不大喜欢了。

从蔡元培所写的缘起，还知道越缦堂藏书，归了北平图书馆，王重民等人辑录其书端识语，曾次第印行。现在流行的《越缦堂读书记》，就不像我过去所想的，只是从日记中抄出的了。

一九九五年五月七日

《郭嵩焘日记》

湖南人民出版社整理排印，共四厚册，布面精装。从一九八一年，杨坚、王勉思同志陆续寄赠，一九八三年出齐，共二百万字，亦为大型日记。第一卷为咸丰时期，第二卷为同治时期，第三卷为光绪时期上，第四卷为光绪时期下。原稿本共六十一册，略有遗失。郭氏日记，一直记到他去世前一天，可谓鞠躬尽瘁矣。

郭嵩焘号筠仙，生于一八一八年，终于一八九一年，道光进士，曾署理广东巡抚。因熟悉洋务，后以礼部左侍郎衔，出使英、法。晚年在湖南讲学。

我对郭氏所知甚少，过去读曾国藩文书，常见他的名字，又买过他写的一本《史记札记》，印象亦不深。今天写这个材料，忽然想起前些日子读《李文忠公外部函稿》时，有地方说到他。查检抄录如下：

> 《函稿》卷第十，五月二十一日论郭、刘两使违言："平心而论，筠仙品学素优，而识议不免执滞，又多猜疑……"
>
> 致沈中堂："自称实不愿与同列，只有奉身以退。"
>
> 六月十一日论郭、刘二使："一意孤行，是已弃官如脱屣。"

以上是因为郭嵩焘在英国，与一位姓刘的同事不和，李鸿章向总理衙门写的意见。虽是官场套语，但也可以看出李对郭的认识和评价。我认为这是可靠的。郭是一位书生，性格孤傲，不宜做官，也不恋栈，后来讲学以终，最为得体。

他的日记，我也部分读了，多是行程琐事，官场应酬。

一九九五年五月九日上午

日记总论

我曾购置《曾文正公手书日记》、《湘绮楼日记》、《翁文恭公日记》、《缘督庐日记钞》及《越缦堂日记补》等书，且择要读之。又浏览上述诸小型日记，兼及近代学术名家之日记。对于日记这一文体，遂积有一些感想，分述如下：

人之喜读日记，主要认为日记是一种可靠的史料，可反映一个时期的政治、社会的风貌。其实，并非如此简单。曾国藩、翁同龢日记，这是政治家的日记，然研究政治历史的学者，想从他们的日记中，寻觅当时的政治材料，并非如入宝山，美不胜收，却似披沙拣金，十分不易。这是什么缘故？答案是：正因为他们是政治家，所以对于政治问题，才讳莫如深，守口如瓶。日记是私人著述，不易传播，但向来稍有文化的人都知道，这是危险物品，一旦遭抄家之厄，要首先上缴。政治家对此尤其敏感。翁同龢称其书斋为"瓶

　　　　　　　　　　　　　　　中国文化传统是宽容的

庐"，其含义或即为此。

对于文人名士的日记，也不要多抱幻想。王湘绮号称一代大家，郑振铎编《晚清文选》，把他列于首位。张舜徽笔记中，则称他在政治上，能倾动公卿，驱使将帅。见到他那印制豪华的两大函三十二册日记，以为都是事关大局，名言谠论，那就会大失所望。他的日记，极其平庸，琐碎，我几次都读不出兴趣来。

倒是越缦堂的日记，名不虚传，自成一格。他的日记，包括读书记，创作的诗词，自圈自点，顾影自怜。加上评论时局、人物，喜怒无常，关起门来骂大街，然后用浓墨再涂去。正像鲁迅所说，他是把日记视为著作的，所以如此细心经营。他的日记，的确很有内容，给后人留下了不少财富，可以说前无古人，后无来者。

日记，归根结底，是个人的生活史。话虽如此，一个人既生存于一定的时代一定的社会，那么他个人的历史，也必然或多或少反映出那一时代，那一社会的某些面貌。例如《鲁迅日记》，简略之极，但还是能看出那一时期的文学史的轨迹。

《鲁迅日记》，我购有人文两种版本，并借阅过影印本，可以说是阅读多遍，印象甚深。《鲁迅日记》，只记天气，来往，书信，出门办事，学校讲课，买办物品，出入账目。也偶及大事，然更隐晦简略。

日记各有风格，各有目的。有的记事失实，有的多存恩怨。有人甚至伪造日记，涂改日记，以作自我修饰。另外，日记亦如名人字画，传者不必佳，埋没者或有真正价值。此乃天道之常，更难言矣。

总之，日记并非读书之要，然藏书家颇以收藏名人精印本为荣。余之购存，正值社会变革之时，日记已无人看重，故得以廉价收存，非为夸饰也。

有很多人，记日记，一生不断，这实在是一种毅力，不管其内容如何，我对作者，佩服得很。因为我自幼缺乏耐心，经历战乱，未养成记日记的习惯。晚年偶有感触，多记于书衣之上，为关心我的友朋看重，成为阅读的热点，实在出乎我的意料。

再，日记遗书，如字体大体清楚，最好影印，保存原貌。一经排印，反易出错。然今日语此，有些不合时宜。一切文言古籍，都在译为白话，不久将无能读中国古典书籍者，况古人书写之日记乎！

一九九五年五月九日耕堂记

题《秦淮广记》

商务印书馆民国初年大字排印本，线装四册，缪荃孙编著。前有缪序，大骂人心不古。

缪荃孙为清末名士，图书收藏家、鉴赏家，据传张之洞《书目答问》，即出其手。民国后在上海开设蟫隐庐书铺，经营古籍，所印《柳河东集》，余有藏本，并购存其藏书记数种。

此书得于天津旧书肆，因读鲁迅《中国小说史略》，知《板桥杂记》等书颇有名，而此书收之，并不只一种，故购之。

然于"文革"后，已列入"拟处理"部分，几次想送人，均因无适合之收受对象而作罢。后古旧书籍难得，日子也太平，就没有再送人的打算。

开放以来，"秦淮文化"大为时髦，并有人想藉此以"弘扬"中华民族文化。此原始材料，不只收罗宏富，可作"秦淮辞典"，并且千姿百态，确系"名妓大全"。有些"著名作家"，或尚不知。且海内少见，没准已是孤本。编制电视片，或写历史小说者，其有意睹此秘籍乎？

耕堂曰：此书虽系无聊之书，然编者仍以严肃态度出之，叙述秦淮制度沿革，历史事实，著名人物均有史载。其首引《明实录》几节材料，后见鲁迅文章中亦曾引用之。余读鲁迅日记及书信，均未见提及有机会阅读《明实录》，故余颇疑先生所引用，亦出于缪氏之书。

一九九二年六月二十九日晨

中国文化传统是宽容的

清吴荣光撰，同治庚午，江苏书局重刊，共六册。

此书盖当时不知内容，以为是笔记购进者。

第一册内容：典制，政术，风教，学校。

此书主要摘录《大清会典》而成，由此可见当时社会风习，亦不得谓为无用也。

第二册内容：贡举，戎政，仕进，制度，祀典。

吾尝思：如不参加革命，吾亦不能乡居，不能适应当时旧风俗礼教，必非常痛苦，而不为乡里喜欢。既不能务农，稍识字即被歧视，此余所习见也。

第三册内容：宾礼，婚礼。

吾出征八载，归而葬父；养病青岛，老母去世未归；"文化大革命"时，葬妻未送。于礼均为不周，遗恨终身也。

第四册内容：祭礼，丧礼。

第五、六册内容：律例。

律例部分有参考价值。

以上，一九九五年二月十八日题于该书书衣者。

一九九五年四月六日晨抄

《续汇刻书目》

连平范氏双鱼室刊，竹纸十册。

此罗振玉所编书目，其妇弟范纬所刊也。据自序，清嘉庆间，顾蒹厓有《汇刻书目》，颇便读者；光绪初年，有唐栖朱氏为之增修。清亡，罗氏流亡日本，就其书库所藏，编《续汇刻书目》。基础既小，时间又仓促，其影响远不及顾、朱之作，流传亦不广。我从上海邮购一部，不久即"文化大革命"，也没有很好利用。偶尔翻阅，发见编写不太细心，一些丛书细目，时有遗漏错乱。当时罗氏失意无聊，以此消遣，心不在焉，故有此失耳。序末不用民国纪元，而称"宣统六年"，甚可笑。

顾书我有，函两小本，共十册，系光绪乙亥琉璃厂刻印。又有《续汇刻书目》两函十册，同时购进。然非朱氏书，而为傅云龙续刻者。皆有满城张氏藏书印，张氏为满城名族，读书人甚多。我在中学时，第一位国文教师，张涤吾先生，即系满城人。未悉此书是他家之所藏否。

中国文化传统是宽容的

朱氏续刻，在劝业场二楼书肆遇到过，因已购前书，犹豫未购。

这种书目，于查阅丛书细目有用，后来有了更方便的工具书，如《丛书综录》之类，它的读者就少了。但因它的版本轻便，容易查阅，又有其可爱的一面。

琉璃厂印的书，都是书贾所为，偷工减料，纸张印刷俱不佳。又加年代久远，函套百孔千疮，我用小块蓝布，一一补贴，形同僧衣，寒伧而可怜。近日理书，书写了宣纸书签贴上，增加一点新鲜。有的造反派，估计我的藏书，值多少钱。不知像这样的破烂，能值几何？造反派最容易变为向钱看。

一九九五年四月十日下午，雨

前面提到的顾蒉匡，曾在《汇刻书目》自序中说：

> 古读书者，极重目录之学。自汉刘向《别录》，刘歆《七略》，剖析条流，各有其部，后世簿录皆宗之。孟坚作史，始创《艺文》，虽标举书名，而铨疏或寡，盖又史例宜然也。自是详略两体，代有成书。

所谓"详"的一体，就是后来的书目书。这类书自宋代以来，浩如烟海，其中最有价值者，莫如宋吴兴陈振孙所撰《直斋书录解题》一书。

《四库总目提要》称："自刘歆《七略》以下，著录者指不胜屈，其存于今者：《崇文总目》；尤袤《遂初堂书目》；晁公武《郡斋读书志》及此书而已。"而在这四部书中，前二种只有目无注，有实用价值者，只有后二种。故《续汇刻书目》的作者傅云龙说"刘、班肇其规，陈、晁拓其体"，成为目录学之宗师著作。

晁书我有《四部丛刊》影印本。

《直斋书录解题》共八册，是外省翻刻的武英殿聚珍版。聚珍版系从《永乐大典》辑出。竹纸印刷，字体亦不大清楚。是在天津购买的，价钱只有四元。我逛书店多年，也没有遇到过别的本子，且跟随我已多年，今年理书，也给它做了一个书套。

近三十年，我倾心古籍，因之注意书目一类书籍，所藏甚多，且多已浏览，虽各有所长，然或多于考订，或流于琐碎，即如有名之作，与此书比较，立见彼书之绌。同是一书，此书所注简明精要，语无虚发，每书必及其时代，述其源流，称其作用。读完注解，读者即对此书具有明确印象，准确的定评，一生受用，不会误导。此不只著者见识高明，且用心超人一等，绝不自误误人。文字典雅，使人乐于诵读。

后之《四库全书总目提要》，及简明目录，均以此书为立论榜样。

一九九五年四月十一日上午

初进城时，我住在这个大院后面一排小房里，原是旧房主杂佣所居。旁边是打字室，女打字员昼夜不停地工作，不得安静。我在附近小摊上，买了几本旧书，其中有一部叶昌炽著的《语石》，商务《国学基本丛书》版，共两册。

我对这种学问，原来毫无所知，却一字一句地读下去，兴趣很浓。现在想来：一是专家著作，确实有根柢。而作者一生，酷爱此道，文字于客观叙述之中，颇带主观情趣，所以引人入胜。二是我当时处境，已近于身心交瘁，有些病态。远离尘世，既不可能，把心沉到渺不可寻的残碑断碣之中，如同徜徉在荒山野寺，求得一时的解脱与安静。此好古者之通病欤？

叶昌炽是清末的一名翰林，放过一任学政，后为别人校书印书。不久，我又买了他著的《藏书纪事诗》和《缘督庐日记摘钞》，都认真地读了。

我有一部用小木匣装着的《金石索》，是石印本，共二十册，金索石索各半。我最初不大喜欢这部书，原因是鲁迅先生的书账上没有它。那时我死死认为：鲁迅既然不买《金石索》，而买了《金石苑》，一定是因为它的价值不高。这是很可笑的。后来知道，鲁迅提到过这部书，对它又有些好感，一一给它们包装了书皮。"文革"结束，我曾提着它送给一位老朋友，请他看着解闷。这是我以己度人，老朋友也许无闷可解，过了不久，就叫小孩，又给我提回来，说是"看完了"。我只好收起。那时，害怕"四旧"的观念，尚未消除，人们是不愿收受这种礼物的。

也好，目前，它顶着一个花瓶，屹立在四匣《三希堂法帖》之上，三个彩绿隶体字，熠熠生辉，成为我书房的壮观一景。还有人叫我站在它的旁边，照过相。可以说，它又赶上好时光、好运气了，当然，这种好景，也不一定会很长。

大型的书，我买了一部《金石萃编》。这是一部权威性著作，很有名。鲁迅书账有之，是原刻本。我买的是扫叶山房石印本，附有续编、补编，四函共三十二册。正编系据原刻缩小，字体不大清楚，通读不便，只能像用工具书，偶尔查阅。续编以下是写印，字比较清楚，读了一遍。

有一部小书，叫《石墨镌华》，是《知不足斋丛书》的零种。书小而名大，常常有人称引。读起来很有兴趣，文字的确好。同样有兴趣的，是一本叫《金石三例》的书，商务《万有文库》本，也通读过了。因为对这种学问，实在没有根基，见过的实物又少，虽然用心读过，内容也记不清楚。

原刻的书，有一部《金石文编》，书很新，字大悦目，所收碑版文字，据说校写精确，鲁迅先生也买了一部。我没有很好地读，因为内容和孙星衍校印的《古文苑》差不多，后者我曾经读过了。

读这些书，最好配备一些碑版，我购置了一些珂罗版复制品，聊胜于无而已。知识终于也没有得到长进，所收碑名从略。

钱币也属于金石之学。这方面的书，我买过《古泉拓本》、《古泉杂记》、《古泉丛话》、《续泉说》等，都是刻本线装，印刷精致。还有一本丁福保编的《古钱学纲要》，附有历代古钱图样，并标明当时市价，可知其是否珍异。

我虽然置备了这些关于古钱的书，但我并没有一枚古钱。进城后，我曾在附近夜市，花三角钱，买了一枚大钱，"文革"中遗失了，也忘了是什么名号。我只是从书中，看收藏家的趣味和癖好。

大概是前年，一青年友人，用一本旧杂志，卷着四十枚古钱，寄给我，叫我消遣。都是出土宋钱，斑绿可爱。为了欣赏，我不只打开《历代纪元编》认清钱的年代，还打开《古钱学纲要》，一一辨认了它们的行情，都是属于五分、一角之例，并非稀有。但我心里还是有些不安，小大属于文物的东西，我没有欲望去占有。我对古董没有兴趣。它们的复制品、模仿品，或是照片，对我来说，就足够了。我只是想从中得到一点常识，并没有条件和精力，去进行认真的研究。我决定把这几十枚古钱，交还给那位青年友人。并说明：我已经欣赏过了。我的时光有限，自己的长物，还要处理。别人的东西，交还本人。你们来日方长，去放着玩吧。

我还买了一些印谱，其中有陈簠斋所藏《玉印》、《手拓古印》；丁、黄、赵名家印谱，《陈师曾印谱》，《汉铜印丛》等，大都先后送给了画家和给我刻过印章的人。

关于铜镜的书，则有《簠斋藏镜》，以及各地近年出土的铜镜选集。

关于汉画石刻，则有《汉代绘画选集》、《陕北东汉画像石刻选集》；还有较早出版的线装《汉画》二册一函，《南阳汉画像汇存》一册、《南阳汉画像集》一册。都是精印本。

《摹印砖画》、《专门名家》，则是古砖的拓本。

我不会画，却买了不少论画的书。余绍宋辑的《画论丛刊》、《画法要录》，都买了。记载历代名画的《历代名画记》、《图画见闻志》、《宣和画谱》以及大型的《佩文斋书画谱》，也都买了。《佩文斋书画谱》，坊间石印本很多，阅读也方便，我却从外地邮购了一部木刻本，洋洋六十四册，古色古香。实际到我这里，一直尘封未动，没有看过。此又好古之过也。

古人鉴定书画的书，我买了《江村消夏录》、《庚子消夏记》。后者是写刻本，字体极佳。我还在早市，买了一部《清河书画舫》，有竹人家藏版，木刻本十二册，通读一过。因为未见真迹，只是像读故事一样。另有《平生壮观》一部，近年影印，未读。

文章书画，虽都称做艺术，其性质实有很大不同。书法绘画，就其本质来说，属于工艺。即有工才有艺，要点在于习练。当然也要有理论，然其理论，只有内行人才能领会，外行人常常不易通晓，难得要领。我读有关书画之论，只能就其文字，领会其意，不能从实践之中，证其当否。陆机《文赋》虽玄妙，我细读尚能理解，此因多少有些写作经验。至于孙过庭的《书谱》，我虽于几种拓本之外，备有排印注疏本，仍只能顺绎其文字，不能通书法之妙诀。画论"成竹在胸"，"意在笔先"之说，一听颇有道理，自无异议，但执笔为画，则又常常顾此失彼，忘其所以。书法之论亦然："永字八法"，"如锥画沙"之论，确认为经验之谈，然当提笔拂笺，反增慌乱。因知艺术一事，必从习练，悟出道理，以为己用。不能以他人道理，代替自身苦工。更不能为那些"纯理论家"的皇皇言论所迷惑。

我还买了一些画册，珂罗版的居多。如《离骚图》、《无双谱》、《水浒全传插图》、《梅花喜神谱》、《陈老莲水浒叶子》、《宋人画册》等。

《水浒叶子》系病中，老伴于某日黄昏之时，陪我到劝业场对过古旧书店购得。此外还有《石涛画册》、《华新罗画册》、《仇文合制西厢图册》等，都是三十年代出版物，纸墨印刷较精。

木刻水印者，有《十竹斋画谱》，已为张的女孩拿去，同时拿去的，还有一部《芥子园画传》（近年印本）。另有一部木刻山水画册，忘记作者名字，系刘姓军阀藏书，已送画家彦涵。现存手下的，还有一部《芥子园画传》，共四集，均系旧本，陆续购得。其中梅菊部分，系乾隆年间印刷，价值尤昂。今年春节，大女儿来家，谈起她退休后，偶画小鸟，并带来一张叫我看。我说，画画没有画谱不行，遂把芥子园花鸟之部取出给她，画册系蝴蝶装，亦多年旧物也。大女儿幼年受苦，十六岁入纱厂上班，未得上学读书。她晚年有所爱好，我心中十分高兴。

一九八七年九月十五日写讫

【附记】

一九四八年秋季，我到深县，任宣传部副部长，算是下乡。时父亲已去世，老区土改尚未结束，一家老小的生活前途，萦系我心。在深县结识了一位中学老师，叫康迈千。他住在一座小楼上。有一天我去看他，登完楼梯，在迎面挂着的大镜子里，看到我的头部，不断颤动。这是我第一次发见自己的病症，当时并未在意，以为是上楼梯走得太急了，遂即忘去。

本文开头，说我进城初期，已近于身心交瘁状态，殆非夸大之辞。

一九五六年，大病之后，结发之妻，虽常常独自饮泣，但她终不知我何以得病。还是老母知子，她曾对妻子说："你别看他不说不道，这些年，什么事情，不打他心里过？"

那些年，我买了那么多破旧书，终日孜孜，又缝又补。有一天，我问妻子："你看我买的这些书好吗？"

她停了一下才说：

"喜欢什么，什么就好。"

她不识字，即使识字，也不会喜欢这些破旧东西的。

有时，她还陪我到旧书店买书。有一次，买回一本宣纸印刷的《陈老莲水浒叶子》，我翻着对她说：

"这就是我们老家，玩的纸牌上的老千、老万。不过，画法有些不一样。"

她笑着，站在我身边，看了一会儿。这是她第一次，也是仅有的一次，同我一起，欣赏书籍。平时，她知道我的毛病，从来也不动我的书。

我买旧书，多系照书店寄给我的目录邮购，所谓布袋里买猫，难得善本。版本知识又差，遇见好书，也难免失之交臂。人弃我取，为书店清理货底，是我买书的一个特色。

但这些书，在这些年，确给了我难以言传的精神慰藉。母亲、妻子的亲情，也难以代替。因此，我曾想把我的室名，改称娱老书屋。

看过了不少人的传记材料，使我感到，中国人的行为和心理，也只能借助中国的书来解释和解决。至于作家，一般的规律为：青年时期是浪漫主义；老年时期是现实主义。中年时期，是浪漫和现实的矛盾冲突阶段，弄不好就会出事，或者得病。书无论如何，是一种医治心灵的方剂。

九月十七日

　　　　　　　　中国文化传统是宽容的

《金石学录》

清嘉兴李遇孙辑，道光四年原版，西泠印社用活字复印，上下两册。从南方邮购，价只一元五角。今日为制简易书套封存之，并题数语。

今日取《金石文钞》，此书同捆一处，纸张印装之精美，今日所不能见，见亦不能得。余购此等书时，尚无人顾及此也。然细观其内容，亦不过抄录他书，无深刻之见，说不上是学问，只能作清谈之助耳。

一九九五年三月二十三日上午

《金石文钞》

　　余近日读汉《西岳华山碑》，想查阅其全文，今晨检及是书，该碑已收入都穆《金薤琳琅》，此书无有也。《金石文钞》一书，似见于鲁迅书账。余所购者为新书，非别人看过，盖系印书人家库存，后流入上海书肆，故鲁迅得购于三十年代，余于六十年代，又能从上海邮购也。

　　《金石文钞》八册，《续钞》二册，泾县赵绍祖辑，原刊于嘉庆年间，有法式善序，为赵氏古墨斋十五种之一。余之所购，系其从侄书升，重刊于咸丰庚申，又有光绪二年潘祖荫序，可见刷印不只一次也。

　　　　　　　　　　一九九五年三月二十三日上午记

　　余喜读碑帖，而患其字体不清，文字不全。曾购《金石萃编》一部，以便查考。该书系石印本，字体缩小，老年已不便阅读。乃又购《金石文钞》一部，以图补救。此书系在上海邮购，书到后方知系续都穆

　　　　　　　　　　　　　　　中国文化传统是宽容的

之《金薤琳琅》，汉碑多在都书，此书所抄寥寥。但唐碑仍不少，失望之余，尚可稍慰。唐文亦是古文，可供好古者无聊时念诵。余对此道颇无知，购书亦不细检书目，故常常买来一些不如意之书，然此书字体颇大，便于阅览，纸亦洁白，有可爱之处。近日无事，为制简易书套二，分为上下两函储藏之。

一九九五年三月二十四日记

《古刻丛钞》

近日读《金石文钞》，法式善序，谓陶宗仪《古刻丛钞》甚佳。余忆及存有此书，在《知不足斋丛书》零本中。昨晚找出《四库全书提要》称：金石之书，贵在文字，不在目录。此书钞录全文，使古刻得以流传，故可称也。

欧阳修、赵明诚之书，价值非不高，然只有目而无文字，彼时所得见者，今已无处去寻觅，故可惜也。亦遗憾难补之事也。《金石文钞》诸序，极称洪适《隶释》及都穆《金薤琳琅》二书，以其皆录有文字。

《金石萃编》号称全富，然所收时有遗漏，此余所发见也。后人亦多有微词：一为晚年所为，精神照顾不及；二为错误不少。看来集体著书，其弊甚多，实际无人负责也。余对此种学问，纯属外行，不敢妄议，只能鹦鹉学舌而已。

一九九五年三月二十五日下午记

　　　　　　　中国文化传统是宽容的

题岳少保书武侯出师二表

姜德明寄赠。

病中只能读字帖，然遇到不识之草字，亦必翻阅原文，故此二表亦读熟。诸葛亮非文士，其叙事说理，简要通达，文无冗辞，意无虚饰，非文士所能为也。作文与处事同，其根基在所处地位，所操权柄。立在根基之上说话，则语无虚发，情无粉饰，忠诚义气，情见乎词矣。此二表仍为两汉文风，以实事求是为重。后随政治变化，魏晋以来，文章渐变为空谈。

诸葛亮秉公持正，用心自无论矣。即单就文章而言，亦毫无可挑剔之处。两汉政治家，多有文才，魏晋亦然。至南北朝，当权者虽多武人，仍重文章，即如侯景之辈，亦聘用有才华之文士，掌文墨之事。从此政治家与文学家分开，文学与政治，不再是统一体，而是为政治服务了。

一九九一年一月十日

题《莲池书院法帖》

保定莲池，为余读中学时旧游之地。时有一同乡同学，在莲池内当图书馆员。当时莲池既非公园，游人寥寥。图书馆也没有读者。同乡只是看管那些旧存图书，每月领一份微薄薪金而已。这种生活，当然很无聊，很寂寞。但这一职业，还是靠他父亲在保定教书多年，认识很多文化界人士谋来的。很为穷学生如我辈所羡慕。

我有时找他去玩，即顺便逛逛莲池。当时石刻尚完好，镶于廊庑间，但青年时无心于此，走马观花而已。今老矣，保定来人送此帖，系初拓复制。细观之，其书法价值，实不下于一般名帖。莲池文物，在有清一代，因近京畿，主持者皆名流，实不可等闲视之。

一九九一年二月九日病中记

当时同学，亦不知下落如何？

222　　　　　　　　　　　　　　　　　中国文化传统是宽容的

昨夜醒来，忽记起此同学姓陈，名耀宗。其父在育德中学当音乐教员多年。音乐课堂在大饭厅，台上有一架钢琴，每逢学生不安静，陈老师即用力击键盘示警云。当时学校和学生，都不重视音乐、美术课，也从不计分考试，老师也只是应付。他系安平县北苏村人，所忆不知准确否？

十日又记

题《莲池书院法帖》

题《汉娄寿碑》

　　余有碑帖画册五六包，均用麻绳捆扎，放在独单大柜中。独单现为厨房。

　　一日读《夏承碑》跋语，连及此帖，早饭后寻觅不见，午饭后寻觅又不见，心遂不安，念及心脏有病乃止。

　　午睡起，又至独单，书捆已全部翻过，仍不见，颇为烦躁。后念及有一捆，只打开一端，未细检阅，又至独单，乃见到，索然自责：年事至此，小事不能从容、忘怀，实堪忧也。

　　昔读翁文恭日记，知其宝爱此帖，晚年失意，放还乡里，以帖自随。一日，帖忽不见，多日查找未得，长随恐被怀疑，寝食俱废。翁亦自思："此仆岂偷拿字帖者耶？"实已怀疑及之。后于小茶几下面抽屉得之。余记此段日记甚确，以其乃晚年易犯之遗忘症与心神颠倒耳，不可不慎重处之也。

　　翁之字帖乃原拓，价值连城，失之焦急，尚有可说。而余之字帖，乃珂罗版印制，且为旧书，购时定

中国文化传统是宽容的

价只一元，也跟着着急，岂非太不值得？此帖无版权页，末有民国四年李锺珏跋，原本为彼所藏，此次只印二百四十部云。

一九九二年四月十九日下午记

此碑号称不缺，文字实不全。检《金石萃编》，正、续编均无著录。钱泳《履园丛话》有记载，亦颇简略。然文字古朴典雅，仍可诵读也。

六月十三日补记

题模印砖画

上题《中国古代的工艺美术》。郭若愚编著。公私合营艺苑真赏社出版。一九五六年修订本。文字朱绿两色。只印五百部，余所得为处理本。

墓砖系战国时产物，一九二五年至一九三二年，陆续在洛阳附近的金村发现，多数已被运往外国。

近日无聊，读砖石书，连及此本。本书图版共二十六幅，宣纸印制，甚为精良，解放初期，尚有些好的工艺，艺苑真赏社所印字帖，余购存多种，印得都很好。

余对美术无知识，然本书所印砖画，无论飞禽（鸿雁）走兽（马、鹿、虎、豹、狗、兔），均系白描，十分生动，既通俗而又令人喜爱，实艺术之一种极致。末附出土铜印模一具，使人知砖画印制方法及过程。

耕堂曰：余幼年乡居，进村小贩，有呼喊"换布屑烂套子"者，小贩多老年，担两个破筐，专收破布块和旧棉絮。前一筐上有木盘，上面放着他用来交换

中国文化传统是宽容的

的货物：老年人用的火绒，火石，妇女们用的火柴，针线。此外，还有一些应付儿童的东西，其中就有一种叫"模"。"模"用胶泥烧制，浅红色，凹形，里面的画，多是戏曲人物的头像。

儿童换回以后，也用胶泥填在模中，弄实，脱出晾干，则为一凸面人像。然自制人像，不能烧制，一烧就裂，不成样子。不然，又可以用泥贴在上面，复原一个小贩制作的"模"。这是因为我们的工艺不行，所用胶泥也不行。但是从这里，可以知道所谓"模印"，是怎么回事了。

儿时意趣，实可回味。

一九九二年六月十三日记

题《专门名家》

　　我有一本书，书名如此。这本书好像还不是我从书肆亲自购买，而是从外地邮购来的。这就有些奇怪，单从书名，我是不会知道书的内容的，何以贸然选购？想来想去，可能是它的出版单位"广仓学宭"这四个字引起的。

　　原来我也不认识这个"宭"字，现在查了一种收字较多的，过去商务印的《学生实用字典》，才知道就是"群"的意思。

　　这个出版单位，属于犹太大贾哈同的门墙。当时的上海，被称为"冒险家的乐园"，哈同"冒险"成功，自己建筑了一个"园"，这个"宭"，就设在园内。清朝灭亡后的一些遗老遗少，为了吃到洋人的一些残茶剩饭，投奔到这里，弄一些洋人喜欢，中国有些人也喜欢的古董玩艺。当然其中也有不少真正的人才。国学大师王国维就曾在这里，呆过一段时间。

　　它的出版物，印得的确不错。即如这本书，汇集的是砖文的拓片，宣纸印刷，拓片有大有小，有高有

中国文化传统是宽容的

低，有宽有狭，把它们一一折叠好，弄得平平整整，厚薄一致，装订成一本大书，这就不容易，就是工艺，就是细心负责的工作。

至于砖文，因不懂，未敢妄评，买了这些书来，闲时翻翻，真如面对无字的砖石，无喜亦无忧，无誉亦无毁，求心境安静而已。

古代砖质，仅次于石，烧制得法。余之叔母，其弟烧窑多年，给她烧制了一块洗衣用的砖。我们那里，妇女洗衣无搓板，多用青砖代替，有的也只是刻上一些横渠。叔母这块洗衣砖，周围却是花纹和蝙蝠，砖也烧得特别坚实。叔母洗完衣服，总是把它好好收藏起来，年代久远，也会成为古董的。

一九九二年六月十四日下午记

题《专门名家》

题《南阳汉画像汇存》

编纂者南阳孙文青。金陵大学中国文化研究所，民国二十五年十二月以哈佛燕京学社经费印行。

南阳汉画像，是我读许广平编辑的《鲁迅书简》中，鲁迅和王冶秋的通信知道的。一九三五年，鲁迅几次给当时在河南的王冶秋写信，托他访求南阳画像。

鲁迅汇款三十元给王冶秋，请他雇拓工，并告诉他一定用中国连史纸，不要用洋纸，还附寄连史纸的标本，以免弄错。鲁迅对这些事，非常认真、仔细，给我留下深刻的印象。王冶秋第一次寄给鲁迅十张画像，后又托一位姓杨的，寄给鲁迅四十五张画像，鲁迅很高兴。这是鲁迅逝世前一年的事。

我们知道，鲁迅在文章中，或致美术青年的书信中，经常提到汉画像，评价很高。

我见不到拓片，只能买画册。第一次，我邮购到一本《南阳汉画像集》。关百益编辑，二十二版，四十一图，惜画面较小。

中国文化传统是宽容的

前有关百益民国十八年二月，在开封写的序。从序中知道，这些画像的访求者，是南阳张中孚。序中介绍了汉画像的几种不同的刻法。

后来，上海古籍书店到天津展销，我又在展销现场，买了这本《南阳汉画像汇存》。这本书，印得很堂皇，版面也宽大，图像清楚，用手书原稿影印，小楷秀整。用宣纸印刷。编辑也精细，每图都有说明：原石何时何地出土，现存何处，原石尺寸等等。

前面有孙文青写于民国二十三年和二十五年的两篇长序，前者介绍访石经过，后者介绍汉画像知识。他以为汉画像中的神话题材，与佛教、道教无关，而出于汉儒邹衍学派的图谶，具体形象，出自山海经（如人首龙身像），此像通称人首蛇身，然有足，当称为龙。

画像内容，包括天象图、地域图、历史图、礼乐图、游戏图、祥瑞图。

孙文青，这人很有学问，原来是南阳河南省立第五中学的教员，闲时散步，见道旁、桥下、荒寺、井台，到处都有汉石画像，发生了兴趣，立志搜求，一共收集二百余石，经挑选，合关百益所辑，共得一百四十五图，汇印成此书，于抗战前出版。书后有商承祚跋，无多内容。

南阳为刘秀发祥之地，贵族多，墓中多画像，然此等像皆刻于墓内柱、梁、门、楣之上，石料粗，故刻画亦多粗犷，不清晰。而如武梁祠堂之画像，则作于石壁之上，石壁平整，故画亦细而清楚。这点知识，亦得自鲁迅写给王冶秋的信中。一九三五年，王氏为"饭碗"奔走，当无意于考古，然受先生委托，不得不全力以赴，完成任务。解放后，王氏领导国家考古事业，任文物局长，其知识之源始，也应归功于当年鲁迅先生的熏陶吧？

夏中无事，翻阅汉画，谨记一些心得如上，也是纪念鲁迅先生，为学博大精深，一言一行，无不惠及后学也。

一九九二年六月十七日上午记

【附记】

余青年时期，奔走于乡间道路，常于疲累时，坐于道旁墓冢碑座上小憩。回忆碑正面两旁，多有装饰画，其形制仍汉画遗风。然碑面打磨平细，其刻法似是武梁祠风格，而非南阳画像风格也。"文化大革命"，北方碑碣全部打倒砸断，亦多用于砌猪栏，建公厕，作台基，私人收用者少，因视为不祥，后之考古者仍需从这些地方，发见此物，此亦文物之历史规律也。

下午又记

中国文化传统是宽容的

广仓明智大学出版，邹安（适庐）编辑。

邮购得来，书店盖以甲字小圆印，定价三元五角，系当年购书之贵重者。

检罗振玉《雪堂校刊群书叙录》，有《蒿里遗珍序》，已将较精之品影印，此书非罗氏所编，而是将他不要的东西，杂乱无章地编成一书。所收之品，亦无使我感兴趣者，面对一些破烂古董，都是外国人挑剩的，不要的中国文物，中国的学者们，仍在那里孜孜不倦地作跋考证，引起无限感慨。

不过，在一张"地券"的说明中，有这样的记述：这个砖券，在水灾后冲出，一个农民拾到，想叫人看看卖了，后来一想，怕人说是"盗墓"（他深知这是大罪过），又反悔了，"放回原处"去了。

这是一个典型的朴实农民的心理写照，看过后有久违之感。

陕西、河南为帝王建都之地，文物层出不穷。一方水土养一方人，靠山吃山，靠水吃水，农民得些便宜，本来也说得过去。但历来得到好处的，还是一些非法之徒，而得其精华者则为外国人。现国有明令，而屡禁不止。枪毙也没用。送进博物馆的，照样丢失。发展到群众性盗墓，挖掘，其结果，仍是要运往港台，卖给外国人，以致那里供过于求，减价处理，可叹，可叹。今日破一案，明日又破一案，不破之案有多少，可想而知。地下的文物，其将绝迹乎？

　　看一本破书，引起没用的感慨，非读书之原意也。此所谓多愁善感欤？

一九九二年六月十七日下午记

　　　　　　　　　　　　　　中国文化传统是宽容的

《永丰乡人稿甲种》，上虞罗振玉著。

二册一函，连史纸仿宋体大字排印。六十年代从北京中国书店邮购，书后有"甲5"蓝色方印，价三元五角。

书前有王国维序，写于戊午六月。

据一九八〇年江苏出版社，甘孺辑述《永丰乡人行年录》称，罗氏尝言平生未尝求人为书作序，此序静安主动为之。并称："此序无一贡谀语，宜非静安不能为此言。"

甘氏书中，引王静安序，几近全篇。然亦略有删节，如"至于奇节独行与宏济之略，往往出于衰乱之世，则以一代兴亡与万世人纪之所系，天固不惜生一二人者，以维之也"一段则删去，而此段正多"贡谀语"。

此亦不足为王氏病，行文中有些过头话，是常有的事。也可能王国维当时是这样认为的，也可能是迎合罗振玉的观点。

就在这部书中，罗振玉几次提到"天将降大任于斯人"一类的话。开卷第一篇《殷虚书契前编序》中，即有"今幸山川效灵，三千年而一泄其秘，且适当我之生，则所以谋流传而攸远之者，其我之责也夫"的话。《殷虚书契后编序》中又说："私意区宇之大，圆颅方趾之众，必将有嗣予而阐明之者，乃久而阒然。……至是予乃益自厉曰：天不出神物于我生之前，我生之后，是天以畀予也。举世不之顾，而以委之予，此人之与我也。天与之，人与之，敢不勉夫！"

王国维序中说："案先生之书，其有功于学术最大者，曰《殷虚书契前后编》，曰《流沙坠简》，曰《鸣沙石室古佚书》及《鸣沙石室古籍丛残》。此三者之一，已足敌孔壁汲冢之所出。"

耕堂曰：《殷虚书契》，即甲骨文，寒舍无力购存，亦未能涉猎。《流沙坠简》购存矣，实亦未能全懂全记。至于《石室佚书》，即敦煌古写本，也只是从王重民之序录，及其他有关材料，略知大概。但不知为什么，对这三种学问，总想多知道一些。这也是发思古之幽情吧。

因此买了罗氏这部著作。确实像王国维说的，罗氏在这三方面，做了很多工作。但做这三方面工作的，并不只是他一人。他在哪一方面，也并不是开创者，也不是成就最大的人。甲骨文在他以前，或在同时，已有刘鹗、王懿荣、孙诒让；《流沙坠简》则是斯坦因先发掘的；《石室佚书》，则是伯希和先得到的。二人都是外国人，是盗取中国文物。罗振玉不过是用的人家寄给他的照片材料，

　　　　　　　　中国文化传统是宽容的

谈不上是什么发见。

至于释文、考证，罗氏确也做了一些工作。特别是对甲骨文字的识辨，他下了很大功夫："或一日而辨数文，或数夕而通半义。"但震动全世，被称为人文科学重大成果的，是出自王国维之手的"考释"。

罗氏在三方面，扮演的脚色，并不是像他自称的"其存其亡，惟予是系"那么重要。他的劳绩，确也不能抹杀。

罗氏这个人物，也是时代的产物，具备以下几个特点：

一、继承了清朝朴学考据的一些治学方法。但他主要是印书。

二、信息比较灵敏，接受了西欧、日本的一些现代考古知识。

三、结识了一些外国朋友，不管这些人是干什么的，只要帮他印书就好。

四、印书不惜工本，精益求精，充分利用现代印刷新技术。所印书籍，定价昂贵，使鲁迅吃惊，但又因为印得的确好，又不得不买。

他印书是为了传播学术，也是为了赚钱。他总说他印书花了多少钱，从没说过印书赚了多少钱。从他印的书的定价看，一定不会赔钱。

五、罗振玉是学而仕，仕而估者也。他善于经商，曾在大连开过古玩店。他搜罗古物，不分巨细。然后影拓。用钱时，把原物卖掉；再用钱时，就把拓片印成书。而且一印再印。

六、他结交估人，熟识收藏家，见实物多。印书又极负责，

题《雪堂校刊群书叙录》

"自编次校写，选工监役，下至装潢之款式，纸墨之料量，诸凌杂烦辱之事，为古学人之不屑为者，而先生亲之"（王国维序）。这是值得今天的出版家学习的。

我购买罗氏所印书多种，其中见于本书序录者，有《流沙坠简》、《世说新书》及《六朝墓志菁华》。其印刷之精良，装潢之讲求，称得上是空前绝后。至于罗氏在政治方面的所作所为，不在本文论述之列。

一九九二年六月二十六日晨

中国文化传统是宽容的

题《簠斋藏镜》

蟫隐庐影印，连史纸有衬页，两大册。扉页为郑孝胥乙丑年（这些人不用民国纪年）题写的书名，隶字，不知是去东北当汉奸之前，还是以后。

目录后附有高邮宣哲乙丑冬所作题记，称陈簠斋藏镜拓本，原藏丹徒刘氏抱残守缺斋。所拓皆系精品，故只百有八镜。宣哲不知为何人。

此系邮购而来，下册封底残破，经余修补。

陈簠斋，即陈寿卿，山东潍县人，为清末大收藏家。罗振玉引端方之言，认为当时古器收藏，首推吴愙斋与陈簠斋。吴久官秦中，故收藏富。而陈则因富于财力，能驱使天下估人，为之奔走，不出户庭，所收却多于吴。

此册印刷精良，所印均按原镜大小，不惜用两面纸，合印一图，如蝴蝶状。

解放后，出土古镜甚多，我买了两本文物出版社印的，湖南和四川出土的《古镜图录》，都是照相印刷，又不照原大，加上出土铜镜色暗，图片都黑乎乎。四川一本有拓片，大小一样，看不出镜的原貌。印刷进步了，反不如手工操作之精。金石易损，且易流失，古人即重拓印，而金石文字，非拓印不能见其风采。故历代重视拓本，然必有良工，今日已不可能矣。

然余对此道，实在外行，只能就书本而论之。

一九九二年七月三日晨

古铜器重铭文，陈氏所收古镜，铭文最多，花纹图案也好，所以说都是精品。有的铭文多至数十字。因年代不同，字体也有变化，隶书、楷书都有。镜的名目亦多，其中有尚方镜、十二辰镜、位至三公镜、心思君王镜及绝照镜等。

陈氏收藏富，但很少作考释之文。别人有一件两件，便大作文章了。据罗振玉说，陈氏在文字上，甚为矜慎。他的藏品，都是后人代为辑印，所以大都既无说明，更无考释，没头没脑一大堆。这本藏镜能有个目录，有个简短的附记，算是很不错了。

同日又记

余无一古镜之储，幼年乡居，见妇女结婚时，仍悬古铜镜于腰间以避邪祟，然只见正面，未得细审背面铭文及花饰，亦见如不见也。

又 记

中国文化传统是宽容的

题
《簠斋古印集》

神州国光社印行，线装四册，粉连纸印，有衬页。六十年代从北京中国书店邮购，定价四元，有甲字小方印。

此书无头尾，无说明，只在书前有"光绪辛巳秋簠斋所拓"几个篆字。

印为朱墨拓本，甚精工。其排列顺序为：古印，秦印，周秦朱文印，巨印，肖形印，官印（亭侯乡侯、将军、司马、将、督、千人监、相、太守、尉、丞、仆射、令、宰长、牧卿执法、侯、伯长、邑长、小长），神印，黄印，单印，唯印，私印，姓名印，姓二名印，之印，子母印，六面印、两面印，肖形姓字印，朱白文相间印，白阑姓名杂印，吉祥印，长方朱文姓氏印等。分的也很杂乱。

全书共一百六十八页，每页印数，多者三十印，少者十二印，共有多少，没有去详计，总之，这是一部古印大观。秦印以后，当大都是汉印。

但我对古文字，一点不懂，多数印文，不能识别，闲时翻阅，好像是欣赏一种抽象艺术而已。

陈簠斋收藏古文物甚富，前文已及之。他家有一楼，即名万印楼，可见他藏古印之多。我还有一本他手拓的《玉印集》，其中居然有一枚赵飞燕的玉印。此书已送友人。

我有几部《印谱》，都已送人。这部书不知道为什么留下了。可能是书印得好，书品又好，不忍送人吧。晚年却成为自娱之物。现值炎暑，居然能伏案逐页抄写印名，可以说是"无事可做"了。

据说，古印多出自归化城，估人去一趟，能得到千余枚。归化是古代争战屯戍之地，用印的机会多，用印的官员多，所以能有这么多的印出土。也因为那里的土地干燥，能保存这些铜印，风沙大，也容易暴露出来。这都是我的猜想，我并没有到过那里。

罗振玉说，古印的出土，对历史考证有诸多裨益，我看有些夸张。就像古钱一样，许多人喜好古印，不过因为它是一种小古董，既可欣赏，也可以买卖。

一九九二年六月三日

中国文化传统是宽容的

清戴熙著，同治壬申滂喜斋刻。

书共三卷。卷一，十四页；卷二，十四页；卷三，十页。后又附加七页，而不标卷，却装于卷一之前，殆装订之误也。

书重修过。书脑破裂，已全部裱衬。视其工艺，如书店为之，则似劣；如系我为之，又似精，不易辨矣。

书前有戴氏原序，首引张宗子之言："人无癖不可与交，以其无深情也；人无疵不可与交，以其无真气也。"这大概指的是：从癖与疵，才可以看出一个人的真正面目。因为癖与疵，不是装出来的。序作于道光丁酉。

后为潘祖荫题识，谓他之刊本，以鲍子年、胡石查两家手抄本合校，并由吴清卿手录上版，于同治壬申年刊成。

今余为此书题识，亦为壬申年。

戴字醇士，谥文节。他的这部《丛话》，在谈古钱的著作中，名重一时，是权威之作。这些破烂书，都是六十年代初，我从苏州邮购而来。

余对古钱无知识，戴书所记故事甚多，尤多假钱、铁钱的记载，颇有趣味。余作笔记小说读之。

一九九二年七月六日晨

中国文化传统是宽容的

附录 我和古书

我的读书过程，可以分成几个阶段。从小学到初中，可以说是启蒙阶段，接受师长教育。高中到教书，可以说是追求探索阶段。抗日战争到解放战争，可以说是学以致用阶段。进城以后，可以说是广事购求，多方涉猎，想当藏书家的阶段。

可以从第三阶段说起。抗日战争时期，在冀中区，我们油印出版过一些小册子，其中包括苏联十月革命以后的文艺创作和新的文学理论。这些书，都是我在三十年代研究和学习过的。我所写的文艺方面的论文和初期的创作，明显地受这些理论和作品的影响。例如我的第一篇小说《一天的工作》和第一篇论文《现实主义文学论》。所以说，这是"学以致用"的阶段，我们在这一时期的工作，虽然幼稚，但今天看起来，它在根据地的影响，还是很深远的。

我在三十年代初所学习的文艺方面以及社会科学方面的知识，都尽量应用在抗日工作中去，献出了我微薄的力量。另外，在实际工作中，又得以充实自己，发展所学，增长了工作的能力。

为什么进城以后，我又爱好起古书来呢？

我小的时候，上的是"国民小学"，没有读过"四书五经"。不知为什么，总觉得是一个缺陷。中学时，我想自学补课，跑到商务印书馆，买了一部《四书》，没有能读下去，就转向新兴的社会科学去了。直到现在，很多古籍，如不看注，还是读不好，就是因为没有打下基础。初进城时，薪俸微薄，我还是在冷摊上买些破旧书，也包括古籍，但是很零碎，没有系统。以后，收入多了一些，我才慢慢收集经、史、子、集四方面的书，但也很不完备。直到目前，我的《二十四史》，还缺《宋书》和《南齐书》两种，没有配全。认真读过的，也只有《史》、《汉》、《三国志》和《新五代史》几种。《资治通鉴》，读过一部分，《纲鉴易知录》通读过了。近人的历史著作，如夏曾佑的《中国古代史》，吕思勉的《隋唐五代史》、《清史纲要》等，也粗略读过。我还买一些非正史，即所谓载记一类的书：《十六国春秋》、《十国春秋》、《吴越备史》、《七家后汉书》等等。但对我来说，程度最适合的，莫过于司马光的《稽古录》。我买了不少的明末野史、宋人笔记、宋人轶事、明清笔记，都与历史有关。

《世说新语》一类的书，买得很多，直至近人的《新世说》。我喜爱买书，不只买一种版本，而是多方购求。《世说新语》，我有四种本子，除去明刊影印本两种，还有唐写本的影印本，后来的思贤讲舍的刻本。《太平广记》也有四种版本：石印、小木版、明刊影

　　　　　　　　　　　　　　中国文化传统是宽容的

印、近年排印。《红楼梦》、《水浒》，版本种类也有数种，包括有正本、贯华堂本。还有《续水浒》、《荡寇志》。

各代文学总集，著名作家的文集，从汉魏到宋元，经过多年的搜集，可以说是略备。明清的总集、别集，我没有多留心去买。我对这两朝的文章，抱有一点轻视的成见。但一些重要思想家、学术家和著名作家的书，还是买了几种。如黄梨洲、崔东壁、钱大昕、俞正燮、俞樾等。一些政治家，如徐光启、林则徐的文集，我也买了。钱谦益的两部集子也买了。

近代学者梁启超、章太炎，我买了他们的全集。王国维，我买了他的主要著作。近人邓之诚、岑仲勉的关于历史和地理的书，我也买了几种。黄侃、陈垣、余嘉锡的著作，也有几种。

我的藏书中，以小说类为最多，因为这有关本行。除去总集如《太平广记》、《说郛》、《顾氏文房小说》以外，张之洞的《书目答问》小说家类，共开列三十六种，我差不多买齐了。其次是杂史类掌故之属，《书目答问》共开列二十一种，我买了一半多。再其次是儒家考订之属，我有二十六种。

刚进城时，新旧交替，书市上旧书很多，也很便宜。我们刚进来，两手空空，大部头的书，还是不敢问津。《四部丛刊》，我只是在小摊上，买一些零散的，陆续买了很多。以后手里有些钱，也就不便再买全部。因此，我的《四部丛刊》，无论初、二、三编，都是不全的，有黑纸的，也有白纸的，很不整齐。《廿四史》也同样，是先后零买的，木版、石印、铅印；大字、小字、方字、扁字，什么本子都有。其中以《四部备要》的本子为多。《四部备要》中其他方面的书，也占我所藏线装书的大部分。

谱录方面的书，也有一些，特别是书目。

我买书很杂，例如有一捆书（我的书自从抄家时捆上，就一直沿用这个办法）的书目为：《黄帝内经·素问》、《桑蚕萃编》、《司牧安骥集》、《考工记图》、《郑和航海图》、《营造法式》、《花镜》……这并非证明我无书不读，只是说有一个时期，我是无书不买的。

一九八三年九月二十七日

中国文化传统是宽容的

我的书目书

要购买一些古籍旧书，书目是不可缺少的，虽不能说是指路明灯，总可以增加一点学识，助长一些兴趣。但真正实用的书目，也并不很多。解放初期，我是按照鲁迅先生开给许世瑛的书目，先买了一部木版《四库全书简明目录》，是在天津鬼市上以廉价买的，两函，共十二册。后来又买了《四库全书总目》，是商务印书馆的《万有文库》本，共四十册，在"文化大革命"中散失了。在浩劫中，我丢失了不少书目书，其中包括印得非常豪华的《西谛书目》，以及《四库简明目录标注》这种很切实用的书。我一直很奇怪，为什么有人喜欢这种近于无用之物呢？过了好久，才领悟出来：原来这些书目，是和《辞源》、各种大词典一类工具书放在一起，抄家时捆在一起运出去了。到了什么地方，一定是有人想要那些《辞源》、词典，就把捆拆散了。因此那些书目，就堆落在地下，无人收拾，手扔脚踢，就不见了。书籍发还时，我开列了一张遗失书籍单，共近百册，还都是古旧书，颇引起一些人的惊异，问道：你平日记忆力那样坏，为什么对于这些破书，记得如此清楚？执事者倒也客气，回答说：你丢的那些书，我们的书堆里都有，就是上面没有你的图章。我平日买书很多，很少在上面打图章，也很少写上名字。当时好像就有一个想法，书籍这种东西，过眼云烟，以后不知落于谁人之手，何必费这些事呢？后来给我找来一本偶尔印有图章的《贩书偶记》，我一看已经弄得很脏，当场送给了别人，也就不想再去查寻这些书目了。

闲话少说，且说我那一部《四库总目》，是《万有文库》本，我还配购了查禁、抽毁、销毁书目。这种《万有文库》，无论从版式、印刷、纸张、装订上讲，都是既实用、又方便，很好的古籍读本。书籍印刷，正如一切文化现象，并不都是后来居上的，它也是迂回曲折的。至少在目前，就没有这样一种本子：道林纸印，线密装，封皮柔韧，字号行间，都很醒目。我现在用来补救的，是又买了一本中华书局影印的大本。姑无论这么一块长城砖头似的书，翻阅极为不便；又因为它是一页之上，分三栏影印，字体细密，亦非老年人轻易所能阅读。但我还是买了一本，炉存似火，聊胜于无。

总目学术价值很大，但并不是购置旧书的门径书。因为它所采用的版本，已经近于史书的艺文志，现在无从寻觅。其他一些古代公私书目，也是如此。比较实用的，则是《四库简明目录标注》，现在归上海古籍出版社印刷，很易得。我原有一本丢失了，又买了一本。它的好处是在各书的后面，都注明近代的版本。张之洞的《书目答问》，也有这个好处，且更简明。近年更有人辑录小说书

　　　　　　　　　　　　中国文化传统是宽容的

目，杂剧书目，对于研究此道者，更为方便。

我有一部清末琉璃厂书肆编印的《书目汇刻》，正、续两编，有当时出版的各种丛书的细目，很便查考。另有一部《直隶津局运售各省书籍总目》，是李鸿章当政时刻印的。据此，可以略知当时各省书局所印的书。还附有上海制造局所印的一些地理、数学、机械、化学方面的书籍目录，反映了当时崇尚新学的特点。并从价目上，可知当时印书用纸的名目，如官堆、料半宣、杭连、赛连、头太、毛太之类。

一九八〇年十二月

谈笔记小说

　　中国的所谓笔记小说，由来已久，汉、晋已有，就是先秦经籍中，也有类似的断片。至唐、宋而大兴，推演至明、清，这种书籍，可以说是浩如烟海，杂列并陈，在中国文化遗产中，占有很大的部分。在寒斋的藏书中，也占很大的比重，几乎有三分之一。

　　这原因是，我学习小说写作，初以为笔记小说与这一学问有关。后来才知道，虽然历代相沿这样一个题目，其实是两回事：笔记是笔记，小说是小说，不能混为一谈。就是合编在一本书里，也应有所区别。古时，把这种文章是称为笔记的，如《西京杂记》、《太平广记》，后人才加上小说二字。再后又有人汇刊为《小说大观》、《说郛》、《类说》、《稗海》等书，就以为其中都是小说了。古时既以街谈巷议为小说，因此类似街谈巷议的笔记，也定为小说，自无不可。但从此笔记和小说含义也就混同起来了。笔记小说的含义，和后来小说的含义，有很大不同。

　　我们按照今天小说的含义，去分析古代的笔记小

　　　　　　　　　　　　中国文化传统是宽容的

说，其中大部分是笔记，但也有一小部分，可以称为小说。例如《西京杂记》、《酉阳杂俎》这些古书，里面就包含一部分小说。

中国小说史，把《世说新语》列为小说。因为这部书主要记的是人物的言行，有所剪裁、取舍，也有所渲染、抑扬。而且文采斐然，语言生动，意境玄远。至于后来这一体系的书，如《续世说》、《今世说》、《新世说》、《唐语林》、《何氏语林》等，因既无创造，亦无文采，就只能称之为笔记，不能再称为小说了。

亦有虽标笔记之名，而实为小说者。如纪昀之《阅微草堂笔记》。乍看也可算是笔记，然所记中，既有作者的主观寓意，又多想象描写，文采副之，实是文学作品，不是零碎材料。流风所至，清朝末年产生了一批仍以笔记相称，而实际已脱离笔记轨道的小说，如《淞隐漫录》等。其中上乘者少，下乘者多，内容与形式，都流于肤浅无聊。

所以，今天中华书局等出版部门，整理这类书籍，都已经正其名曰"笔记"，如唐宋笔记、明清笔记，不再称"小说"。

笔记主要是记载一朝一代的军国大事，朝政得失，典章文物。或是记述一代人物的思想言行。其目的都标榜是为补正史之不足，或是以世道人心为念，记述前事，作为借鉴，教育后人。文字都是简短的，每条自成起讫。

我的唐人笔记，有十几种。宋人笔记有数十种。宋人的笔记，流传下来的这样多，是因为印刷术的进步。也因为有很长时期，国家太平无事。

这些书，有些是过去商务编印的《丛书集成》的零种，有些是涵芬楼校印的线装宋元笔记，有些是近年古籍出版社和中华书局的新印本。元、明、清的笔记，也有几十种。其中石印本的清人笔记，多已送人。但重要的著作，近年新整理的本子，还有不少。还有一些木版的笔记，大都是过去木版丛书的零种。其中《知不足斋丛书》零本最多。

既然购置了如许多的笔记，当然也看过一部分。我的印象是：唐人的笔记，多系名家作品，文笔好，内容也扎实，有意义，最可读。宋人的笔记，多出自名公臣卿，内容也充实，有史料价值。但有些已经杂乱起来，因此有高下之分。要之如司马光之《涑水纪闻》，欧阳修之《归田录》，识见、文笔、取材，都高人一等。因为这些大人物既能见闻大事，所记能存真，又有修养，对材料能取舍，有判断。不像后来明、清的一些笔记，以山野草茅，妄谈朝堂宫苑之事，辗转传闻，致有千里之失。笔记也像其他著作一样，越古老越可观，因所记材料宝贵也。明、清笔记虽多，没有经过时间的淘汰，还处在一种糠米不分的状态。

有笔记式的小说，有小说式的笔记。如《夷坚志》，笔记式的小说也。如《东轩笔录》，则有很多条目，是小说式的笔记。

笔记以记载史实，一代文献典故为主，如宋之《东斋记事》、《国老谈苑》、《渑水燕谈录》，所记史料翔实，为人称道。如《梦溪

　　　　　　　　　　　　中国文化传统是宽容的

笔谈》、《容斋随笔》，则以科学研究学术成绩，及作者之见解修养为人重视。

笔记，常常也有所谓秘本、抄本的新发见，然不一定都有多大价值。有价值之书，按一般规律，应该早有刊刻，已经广为流传，虽遭禁止，亦不能遏其通行。迟迟无刻本，只有抄本，自有其行之不远的原因。我向来对什么秘籍、孤本、抄本，兴趣不大。过去涵芬楼陆续印行之秘籍，实无多少佳作。

有的笔记，名声赫赫，印刷亦精，但也不一定就证明其杰出。如清之《两般秋雨盦随笔》，各种印本，一再发行，只为其文字浅近，内容亦为浅识者所喜而已。亦有虽系名家所记，然内容杂乱无章，比较零碎，如《随园随笔》。

元、明笔记，就其内容规模而言，仍以《南村辍耕录》及《万历野获编》为佳。

笔记以内容真实客观，作者态度端正为主。文胜于质，不如质胜于文。金刘祁《归潜志》中，载《录崔立碑事》一则，对自己参与为叛将撰写碑记，详叙经过，自我反省。人以为诚信，推重其著作，所记史实，多为正史所收取。宋蔡絛《铁围山丛谈》，多文过饰非之作，正与其处世为人同。然此等书，不可因人废言，认真察看，亦有可取之处。

清代的笔记虽然多，我认真地即是通篇读过的，有《啸亭杂录》、《永宪录》、《郎潜纪闻》等。《郎潜纪闻》共"三笔"，作者陈康祺。文字流畅，叙述亦生动，能读下去。但在第一部，发见两处墨笔眉批。一处记作者经历，眉批曰："毫不知耻，抑何厚颜！"一处记他人事迹，眉批曰："阁下愧此多矣，何仍作欺人语耶？"这恐怕是同时代人阅读时批注的，愤愤之情，溢于言表。当然不能根据两处眉批，就否定这部书的价值，但也不能怀疑，这种看来深知作者底细，推敲文字并揭疮疤的人，是出于嫉妒或是报复。总之，著述要修辞立诚，立身尤其要谨慎端正。

以上所谈，当然都是古道，会被时髦文士，看做"四旧"陈言。时髦文士，专攻时文，闻鸡起舞，举一反三。他们在"四人帮"时代，初露角刺，已经写下不少造谣生事，伤天害理的文章。有人至今秉性不改，仍以善观风向气色自居。对过去文字，不只无刘祁的良心发见，悔恨之辞，别人偶有触发，仍惯于结帮连伙，加以反噬。不怕云山罩，就怕老乡亲。难得有知其老底之人，将其前前后后文字，汇编成册，批注点明。如此一来，或将使其通体虚伪善变之情状，暴露于读者眼前。

一九八四年九月二十一日下午

关于纪昀的通信

柳溪同志：

收到你十月十五日从盘山写来的信。因为我又闹病，迟复了几天，甚歉！

虽然我们相识几十年了，我还不知你是纪昀（晓岚）的后裔，实在不敬得很。我是很佩服他的，这倒不是因为在我们北方，有许多关于他的民间传说。

你的太高祖的官阶，并不止于"编修"，他历任过侍读学士、内阁学士、兵部右侍郎、左都御史，一直到礼部尚书。

他编纂的书，不叫《四库备要》，叫《四库全书》，他是四库全书馆的总纂官，就是现在的"主编"或"总编"。他的主要工作，是为这些书撰写"提要"。

《四库全书总目提要》并不是近年来才得到好评。这是一部非常伟大的学术著作。我曾有一部商务出版的《万有文库》本，那样小的字，还有四十多本，是一部内容浩瀚的大书。它一直享有盛誉，随着年代的推移，它的价值，将越来越高，百代以后，它一定会成为中国文化的经典著作。

令太高祖为四库书所作的"提要"，在有清一代，已经被誉为："大而经史子集，以及医卜辞曲之类，其评论抉奥阐幽，词明理正，识力在王仲宝、阮孝绪之上，可谓通儒矣！"

我以为更难得的是，像这样的学术著作，使人读起来，并不感觉枯燥，并且时常有他那独特的幽默犀利的文笔出现，使人于得到明确的知识之外，还能得到文学艺术的享受。

鲁迅对他的评价是很高的，见于《中国小说史略》。我并不记得鲁迅骂过他"汉奸"。

当然，乾隆皇帝修《四库全书》有其政治上的目的，经过这一次纂修，中国文化遭到了一次浩劫。但事物总是要一分为二的，这一反动措施，也带来一些正面好处。除去它辑存了一些已佚的古籍（如从《永乐大典》辑录的一些书），最大的成就，就是纪氏所撰述的《四库全书总目提要》和《简明目录》。

此外，你来信说："我常想，如果我这位太高祖，当年不是乾隆的编修，而像蒲松龄那样一生贫困、治学、读书、著书，当比留存下来的《阅微草堂笔记》会好些。不知你同意我的看法否？"

我不同意你的看法。第一，作家和作品，不能作等同比较。第二，贫困并不是决定作品质量的因素。虽然，中国有一句"穷而后工"的说法，但这个穷字并非专指贫困。第三，《阅微草堂笔记》的成就，并不能说就比《聊斋志异》低下。

《阅微草堂笔记》是一部成就很高的笔记小说，它的写法及其

中国文化传统是宽容的

作用，都不同于《聊斋志异》。直到目前，它仍然在中国文学史上，占有其他同类作品不能超越的位置。它与《聊斋志异》是异曲同工的两大绝调。

这是一部非常写实的书，纪昀用他亲身见闻的一些生活琐事，说明社会生活中的因果问题。它并不是唯心宿命的，它的道理是从现实生活中演绎出来的。因果报应，并不完全是迷信的，因果就是自然规律。

至于文字之简洁锋利，说理之透彻周密，是只有纪昀的文笔，才能达到的。我常常想，清代枯燥的考据之学，影响所及，使文学失去了许多生机。但是这种一针见血、无懈可击的刀笔文风，却是清朝文字的一大特色。

评价历史人物，一定要考虑到他的历史处境。令太高祖的处境，是并不太理想的。姑不论在异族统治之下，就是这位乾隆皇帝，虽然表面上有改父风，但仍然是很不好对付的。特别是在他手下做文字工作。这位皇帝当面骂纪昀为腐儒，就是说，他把文人还是作为"倡优畜之"的。另一次因为受别人牵连，他把纪昀充军乌鲁木齐，这是大家都知道的。

问题在于，在这位皇帝面前，纪昀以怎样的态度做官呢？事隔久远，我的历史知识很差，不能凭空臆测，但据一些记载，纪昀是采取了"投其所好"的办法。

什么叫"投其所好"呢？比如纪昀看准了乾隆皇帝的性格特点是好"高人一等"，是最高的"自是"人物。他在精心校对《四库全书》的时候，就故意留一两处漏校的地方，这些漏校，都放在容易发见之处。把书缮写清楚之后，上呈御览。

皇帝很容易就发见了这种错处，于是得意洋洋地下一道谕旨：对总纂官加以申斥，并且罚俸！

就这样，纪昀在担任总纂官的年月里，被申斥罚俸很多次。

像这样的自屈自卑，以增强统治者的自尊自是感，已经超出了中国古代美誉归于尊者的教训，叫我们现在看来，是有些莫名其妙的。其实，这是封建社会做官的一种妙诀，很多人就是因为这样，才能为皇帝容纳、喜欢，一直升官的。

这当然不能概括纪昀的全部，只能说是他的一种逸闻，我提到这一点，并不是存心对他不恭敬。

比他早一些，康熙朝有一位高士奇，这也是一位有名的文士。他在扈从皇帝到你目前所在的盘山一带，行围射猎的时候，皇帝的马惊了，皇帝掉了下来，身上沾了一些泥土，很不高兴。高士奇得知后，自己故意滚到泥洼里，带着浑身泥水跑到皇帝跟前，诉说自己的不幸遭遇，使皇帝变恼怒为高兴。他这种做法，比起纪昀，就更等而下之了。如果我们只看他的文集，能想象出他的这种作为吗？有些影射小说的爱好者，说高士奇是《红楼梦》里薛宝钗的模特儿。你想，薛姑娘无论如何不好，能做出这种勾当吗？

另有一件关于纪昀的逸事是：纪昀死去老伴，有悼亡之戚。皇帝问他心中如何，他给皇帝背诵了《兰亭集序》中"夫人之相与"一段，引逗得皇帝大笑。这种文字游戏，不只有玷名篇，也略见君

　　　　　　　　　中国文化传统是宽容的

臣之间日常相处的风格面貌。

这只是说明，纪昀当时的处境，并不像一般人所羡慕的那样得意，是有很多难言之苦的。

他是真正的才子，他的毕生才力都灌注到了前面提到的那部大书里。他所留下的《纪文达公遗集》，实在没有什么内容，都是应酬之作，纤细轻浮，故流传不广。但他弄的那些楹联之类的小玩艺，却很有意思，是别人不能及的。所以说，受时代限制，他的才力并没有得到充分的发挥，这是非常可惜的。

至于他为官的政绩，只能说是平平，无可称述，这也是时代环境使然。

基于对他的尊重，我写了对他的一些极其肤浅的印象。我想你应该根据家乘材料，对他作一些系统研究，写成文章。我这封信，算是对你的鼓动吧！

专此

敬礼

孙犁

一九七九年十月二十四日

与友人论传记

前承问写传记的方法，这固然不是我所能说得完全的。但在阅读了一些中国历史书籍以后，对于中国历史传记写作的道理及其传统，却有一些领会。现略加整理分析，供你参考。我国在历史上，很重视传记，断代史中，人物传记占绝大部分。作为很重要的一种文体，在作家专集中，分量也很大。《春秋左传》，自古以来，就与经书同列。可见"传"在中国文化遗产中，所占的位置。

但这主要是就历史而言，在文学创作上，传记的成就，是不能和历史著作相比的。历史与文学，虽有共同的根源，即现实、环境、人物，但历史并不等于文学。文才并不等于史才。有些大作家写的传记，常常不如历史学家。把文史熔为一炉，并铸出不朽的人物群像的，只有司马迁、班固。此外，陈寿、范晔，已经史重于文。至于欧阳修，在文学上，虽享大名，所撰《新唐书》及《新五代史》，其中传记，已经不能同班、马并论，常常遭到他人的非议。

中国文化传统是宽容的

史学的方法和文学的方法，并非一回事，而且有时很矛盾。史学重事实，文人好渲染；史学重客观，文人好表现自我。只就这两点而言，作家所写的传记，就常常使人不能相信了。

班、马固然也是文学家，但是他们的做法，是从历史着眼，是尊重历史，尊重客观。在他们写历史作品的时候，也表现了文学的才能。这种才能，只是为历史服务，个人爱好，退居到第二位。越是采取客观态度，他们的作品完成以后，他们的文学才能，越是显得突出。有些人，在写作历史传记时，大显其文学方面的身手，越是这样，当他们的作品写成时，那些文学方面的才华，却成了史学方面的负担、堆砌、臃肿和污染。文学的脂粉涂得过多，反倒把人物弄丑了。晚清有个王定安，是曾国藩的得意弟子，他撰写的《湘军记》，不能说用力不勤，材料也不能说是单薄无据，就因为存心卖弄才华，文字写得扭捏作态，颇不大方，就被别人耻笑，以为不如王闿运的《湘军志》。其实，王的书，也是文学家的历史著作，并无突出优异之处，不过他稍稍知道写历史的道理，能略加收敛文学天才而已。

人物传记，自古以来，看做是历史范畴。它的写作特点，归纳起来，有以下几个方面：

一、记言记行并重。《史记》、《汉书》都是如此。记述人物一生重要行为，即决定性的关键性的行动，记述其与此种行动相辅相成的语言。《三国志》裴松之的注，特别注意记一个人的语言。深刻隽永的语言，颇能表现一个人物的风格面貌。这种用语言表现人物的写法，以后演变为多种多样的《世说新语》一类的书，本身也是一种历史。语言，不只反映人物的思想作风，也是人物行为的基础，所以很被史学家重视。

二、大节细节并重。古代史家，写一个人物，并不只记述他的成败两方面的大节，也记述他日常生活的细节。司马迁首先注意及此，效果甚佳。就像刘邦、项羽这些大人物，他也从记述其日常的言行着眼。而在写一些微末之士的时候，则多着眼其言行两方面的荦荦大端，显露其非凡之一面。

三、优点缺点并重。历史传记，首先注重真实，而真实是从全面、整体中提炼出来的。因此，历史所表现的人物，很少是神化的完人。《三国志》写关羽，写其功劳战绩，也暴露其秽德失行。把关羽神化，是后来小说和剧本干的事。优缺点并重，功过并举，才是现实生活中的"完人"，抽象的完人，是不存在的。

四、客观主观并重。历史，整个地说来，是客观存在。人物的言行，看来是主观的，但必然受历史的制约。古代传记，所写的人物，从历史环境、历史事件中表现，如曹操之于汉末，诸葛亮之于三分。客观环境与主观意志，紧密结合，历史与人物，才能互相辉映，相得益彰。在传记中，人物主观成分的表现，不能过多，主要是表现其与时代相触发、相关联的契机。

传记能否写得成功，作者的识见及态度，甚关重要。当然，作者要有学，掌握的材料要多。但材料的取舍、剪裁，要靠识。识不高则学无所用。识不高也难于超脱，难于客观，难于实事求是。写

　　　　　　　　　　中国文化传统是宽容的

传记，有如下数忌：

一、忌恩怨、忌感情用事。传记所写是历史，只求存实。是为了后人鉴戒，所以也求达理。不真实则理不能通，并能悖理，于后世有害。写传记，对成功者，不能预先存恐惧之念，对失败者不能预先存轻侮之心。对己有恩者不过誉，对己有怨者不贬低。个人恩怨，排除净尽，头脑冷静，然后下笔。如不能做到，就可以不写。

二、忌用无根材料。写传记，都知看重第一手材料。即个人观察所得，眼见是实的材料。这种材料，是不易得到的。即使调查来的材料，也还有个剪裁取舍的问题，不一定完全可靠。至于文献记载，就更应该有所鉴别。过去，人物传记，有所谓家乘，即本人家族保存的材料；有所谓弟子记，即他的门人记录的材料；有所谓碑传，即死后刻在墓碑上的文字。这些材料，还都不能叫做传记，其中有很多不实之处。历史家把这些材料，都看做第二手材料，加以取舍。作者还要实地考察。直接观察以求更可靠的印象和材料。司马迁世为史官，掌握着不少文字材料，但他在写作《史记》之先，还是要出去旅行，访问故老，收集传闻。

三、忌轻易给活人立传。一部《廿四史》，大多数都是写在改朝换代之后。人物都已死去很多年。时过境迁，淘汰沉淀，对他们已经有了一个比较固定的评价。这样写来，容易客观。即本朝国史馆立传，也在盖棺论定之后。排除人事纷扰，再为一个人立传。这是历史传记写作的一个优长之处。当然，年代久远，也容易传闻异词，毁誉失度，有时几十年的事情，就弄不清楚，何况年代更久？

这就要看史家的眼光，即识力。

给活着的人立传，材料看来易得，实际存在很多困难。干扰太多，不容易客观。他自己写的自传，也只能看做后人为他立传的材料，何况他人所为？

四、忌作者直接表态。中国历史传记，很少夹叙夹议，直接评价人物的写法。它的传统作法是"春秋笔法"，寓褒贬于行文用字之中，实际上是叫事实说话，即用所排比的事件本身，使读者得到对人物的印象、评价，因之引出历史的经验教训。大的史学家只是写事实，很少议论。司马迁在写过一个人物之后，有"太史公曰"一小段文字，谈他对这一人物的印象和评价，也是在若即若离之间，游刃于褒贬爱憎之外。又有时谈一些与评价无关的逸闻琐事，给文字增加无穷余韵，真是高妙极了。班固以后，这种文字，称"赞"或称"史臣曰"，渐渐有所褒贬，但也绝不把这种文字滥入正文。

外国有一种所谓评传，一边叙述人物的历史，一边发挥作者对人物的见解，中国史书上是少见的。

五、忌用文学手法。外国还有一些传记作品，出自大文豪的手笔，如罗曼·罗兰和巴比塞所写的名人传记。这种传记，是作家的创作，是以作家的意志见解，去和人物的心理思想交融。这是一种非常带有灵感的写法，作为文学作品，当然是无可非议的，但作为传记，就令人有些玄妙之感。这是天才的传记，平凡的笔墨不能追步后尘。

现在，为活着的人写的传记，有时称做"报告文学"。作者凭主观意志、功利观念，对人物表示了充分的爱憎。还有很多想当然的描写，甚至有一大段一大段的作者抒怀，这已经不是传记，而近于小说或叙事诗了。

历史、人物传记，都可以转化为小说、戏曲。《三国演义》是最著名的了。开了"七分史实，三分演义"的先河。《三国演义》能在同类小说中领先，是因为它得天独厚：一、三国的历史形势，济济人材，鼎足与纷争，都有利于结构小说；二、裴松之的注，材料丰富，人物方面，不只有行，而且有言有貌，易于摹画。《三国演义》产生之前，社会上已经有三国故事和三国戏曲，人物的形象、性格已初步具备。其他历史演义，就因为没有这样好的基础，所以写不好。如《隋唐演义》，还有些人物形象；如《五代史平话》，则太显粗糙，没能从历史脱胎出来。

传记是属于历史范畴，它可以成为文学作品，但不能当作文学作品来写。可以说有传记文学，但不能说有文学传记。史笔和文学之笔，应该分别开。

舞台上，赵云的戏有好多出，《三国志·赵云传》，不过几行，我们要认识赵云，就要根据这几行文字，而不能根据舞台上那么多的戏曲。人物一旦变为文学艺术中的形象，几乎就与历史无关了。

历代大作家，如韩愈、柳宗元所写的，名为传而实际是寓言的作品，唐宋传奇中的，名为传实际是小说的作品，都是文学作品，作者主观成分多，都不能当作历史传记来看。

古人著书立说，有时称做"删定"或"笔削"。就是凭作者识见，在庞杂丛芜的材料中，做大量的去伪存真的工作。文学家不适宜修史，因为卖弄文才，添枝加叶，有悖于删削之道，能使历史失实。

一九八一年三月二十五日

谈读书记

在古时，读书记，或藏书题跋，都属于目录学。目录之学，汉刘歆始著《七略》，至荀勖分为四部。唐以后把书籍分为经、史、子、集，藏于四库。这样的分类法，一直相沿到清代。无论公私藏书，著录之时，都对书籍的内容、作者的身世，加以简单介绍，题于卷首或书尾，这就是所谓提要、题跋。把此等文字，辑为一书，就是我们现在谈的读书记了。

我所收藏的读书记，最早的是宋晁公武的《郡斋读书志》（《四部丛刊》本）和宋陈振孙的《直斋书录解题》（武英殿聚珍版翻刻本）。这两部书，是读书记这类书的鼻祖。其中晁《志》，所记尤为详赡。因时代接近，记录的宋人著作，很是齐备，对作者的介绍，也翔实可信。有很多书，后来失传，赖此志得窥其梗概。后代藏书家，都很重视此书。

晁氏有些论述，也很有见地。如论文集之丛杂，他在集部引言中说：

昔屈原作《离骚》，虽诡谲不概诸圣，而英辩藻思，瑰丽演迤，发于忠正，蔚然为百代词章之祖。众士慕响，波属云委，自时厥后，缀文者接踵于斯矣。然轨辙不同，机杼亦异，各名一家之言。学者欲矜式焉，故别面聚之，命之为集。盖其原起于东京，而极于有唐，至七百余家。当晋之时，挚虞已患其凌杂难观。尝自诗赋以下，汇分之曰：《文章流别》。后世祖述之，而为总集，萧统所选是也。至唐亦且七十五家，呜呼盛矣！虽然，贱生于无所用，或其传不能广，值水火兵寇之厄，因而散落者十八九。亦有长编巨轴，幸而得存，其属目者几希。此无他，凡以其虚辞滥说，徒为美观而已，无益于用故也。

我不厌其烦地抄了这样一大段书，是因为其中说明了著书立说方面的一些规律。第一，历代作家的文集是很多的。至唐已有七百家，总集已有七十五种。第二，传流下来的却很少。第三，不能流传的原因，主要是虚辞滥说，无益于用。

这里的有用无用，当然不只是像他说的，能否"扶持世教"。晁氏生于宋朝，受理学家的影响，所以这样强调。集子能否流传，主要看它的社会功能。这种功能包括：作者的才智；说理的能辩；文字的美学感染；著作的真诚等等。哲学著作，以才智道理取胜；历史著作，以材料真实取胜；文学创作，以美的陶冶取胜。

作家结集自己作品，都是自信的，都以为自己的作品，已经具

中国文化传统是宽容的

备这种功能，可以传之久远。在当时，即使多么无情的批评家，也不会预言这种文集不能传世，阻止他出版。作品能否流传，常常是不能预见的。只有在历史的江河中，自然淘汰。自然的冲刷淘洗，能使当时大显者，变为泥沙；也可以使当时隐晦者，变为明玉。更多的机会是，使质佳者更精粹，使质劣者早消亡。

既然如此，晁氏之所谓"自警"，就很难做到了。人之好名，是一种自然生态。尝见出土的古墓壁画或砖石上，刻有匠人名字。难道他当时不知道，他的作品要永埋地下，曾经想到，有朝一日，会被发掘，重见天日吗？这是创作冲动的满足。劳者歌其事，在自己的劳作成果上，缀上自己的名字，是一种原始现象。儿童就是这样，可以说是生而知之。

在论述传记的写法时，晁氏的见解，也很好。在传记类《韩魏公家传》条内，他说：

> 右皇朝韩忠彦撰，录其父琦平生行事。近世著史者，喜采小说，以为异闻逸事。如李繁录泌，崔胤记其父慎由事，悉凿空妄言。前世谓此等，无异庄周鲋鱼之辞，贾生鹏鸟之对者也。而唐书皆取之，以乱正史。由是近世多有家传、语录之类，行于世。陈莹中所以发愤而著书，谓魏公名德，在人耳目如此。岂假门生子侄之间，区区自列乎！持史笔其慎焉。

这一段话里的，"庄周鲋鱼之辞，贾生鹏鸟之对"两句，颇可玩味。这是说，人物传记，不同于故事，更不同于寓言。古人撰写人物传记，不满足于只用那些干枯的官方资料，愿意添进一些生动活泼的记述，乃参考一些野史、家乘，这是无可厚非的。司马迁的人物传记，那样生龙活现，读起来比文学作品还有兴味，就是因为他不只依据官方文献，还寻访了很多地方资料，口碑传说。后来司马光撰写《资治通鉴》，欧阳修撰写《新五代史》，都采用了许多私人的著述，增加了传记的生动性。

但运用这些材料，需要特有的观察、判断、取舍的能力。

历史作品，有时可以当作文学，但文学作品，却不能当作历史。历史注重的是真实，任何夸张、传闻不经之言，对它都会是损害。历史、事实，天然地联结在一起，把历史写得真实可靠，是天经地义的事。当然做起来并不是那么简单。历史，是天地间最复杂的现象。它比自然现象，难以观察，难以掌握得多。它的错综复杂，回曲反复，若隐若现，似有实无，常常在执笔为史者面前，成为难以捉摸、难以窥测的幻境。

撰述历史，时代近了，则有诸多干扰，包括政治的、人事的、名誉的、利害的。时代远了，人事的干扰，虽然减少，则又有了传闻失实，情节失落，虚者实，而实者虚，文献不足征，碑传不可信的种种困难。如果是写人物传记，以上情况就更明显，就更严重。

只根据实录、谱牒、碑碣去写历史，这是传统的做法，也是保守的做法。但开放的写法，即广采传闻野史的写法，也带来了另一种毛病，即晁氏指出的"故事化"或"寓言化"。

特别是人物传记，用开放的写法，固然材料会多一些，事件会生动一些，但材料如果是从亲属得来，其中就有感情问题；如从友朋得来，其中就有爱憎问题。况人之一生，变幻无常，虽取决于本身，亦受制于社会。是非难以遽定，曲直各有其说。盖棺论定，只能得其大概，历史评价，又恐时有反复。要把一个人物的传记写好，确不是容易的事情。

传记一体，与其繁而不实，不如质而有据。历史作品要避免文艺化。现在，有很多老同志，在那里写回忆录。有些人多年不执笔，写起来有时文采差一些，常常希望有人给润色润色，或是请别人代写。遇到能分别历史和文艺的人手还好，遇到把文学、历史合而为一的人，就很麻烦。他总嫌原有的材料不生动、不感人，于是添油加醋，或添枝加叶，或节外生枝，或无中生有，这样就成了既非历史，也非文学的东西。而有的出版社编辑，也鼓励作者这样去做。遇到文中有男女授受的地方，就叫他发展一下，成为一个恋爱的情节。遇有盗窃丢失的地方，就建议演义成一个侦探案件。遇有路途相遇，打抱不平的地方，自然就要来一场"功夫"了。

现在有一种"传记小说"的说法，这真是不只在实践上，而且要在理论上，把历史和文学混为一谈了。这种写法和主张，正如有人主张报告文学，允许想象和虚构一样，已经常常引起读者，甚至当事人或其家属的不满。因为凡是稍知廉耻，稍有识见的人，谁也不愿意在自己身上，添加一些没踪没影的事迹的。

当然，野心家是例外的。从历史上，特别是"四人帮"时期，我们可以看到，野心家分为两种。一种是受别人吹捧，坐在轿子里的；一种是抬轿子，吹捧别人的。他为什么鼓吹得那么起劲，调门提得那样高，像发高烧，满口昏话？这是有利可图，可以得到好处的。弄好了，他可以从抬轿子，变成坐轿子，又有一帮人起哄似的吹捧他了。

元、明两朝人，不认真读书，没有像样的读书记。到了清朝，重考证，这类的书就多起来，除很多已成为专门学术著作，如《读书杂志》、《十七史商榷》等书外，标以读书记名目的就不少。《何义门读书记》，寒舍不存；《东塾读书记》，存而未详读之。我最感兴趣的是黄丕烈的《士礼居藏书题跋记》。黄是藏书家，以藏有百种宋版书而著名。他所藏书，也远远不限于宋本。他对书有一种特殊的感情，好像接触的不是书，而是红颜少女。一见钟情，朝暮思之，百般抚爱，如醉如痴。偶一失去，心伤魂断，沉迷忘返，毕其一生。给人一种变态的感觉。这种感情，前代不能有，后代也不能有，只有他那样的时代，他那样的生活，既不能飞黄腾达，又不甘默默无闻，才会有这样的心境，和这样的举动。

他的藏书记，被后人一再辑印。我有三集，前二集是上海医学书局影印，后一集是木版蓝色印本。同样是藏书家，陆心源的《仪顾堂题跋》，读起来就枯燥无味。

其次是李慈铭的《越缦堂读书记》，他的读书记，散见在他的日记中，由云龙辑录出来，商务印书馆出版，白文没有标点，也未详细分类。有一年，我在北京国子监买了一部，纸张很好，共四

中国文化传统是宽容的

册。后经中华书局整理、分类、标点，重新出版。

他读书仔细认真，读的书也广泛，非只限于经史，杂书很多。但对像《红楼梦》这样的书，还是有些不好意思，总是说病了闷了才拿出来看看。并说，这部书是托名贾宝玉的那个人，自己写了家世，其他社会风物，则是别人代为完成。这真是奇怪的说法，可备红学家参考。

和他的读书记类似的，有周中孚的《郑堂读书记》，舍间所藏，为《万有文库》本，此人读书也多也杂，也很认真，我通读一遍。此外，有《鲁岩所学集》，也是读书记，较通俗易读，我有的是木刻本。我另有叶德辉的《郎园读书志》、邓之诚的《桑园读书志》等。

一九八四年十月十五日晨改讫

　　滕云同志送我一本他所选译的《汉魏六朝小说》。冬夜无事，在炉边读了一篇《燕丹子》。《燕丹子》一书，我有光绪初年湖北崇文书局的百子全书本，为嘉庆年间著名学者孙星衍集校，初未细读也。

　　《燕丹子》作者不详，旧题燕太子丹撰。据孙星衍序："古之爱士者，率有传书，由身没之后，宾客纪录遗事，报其知遇。"想来这部书，也是太子的宾客所写。

　　孙星衍又说："其书长于叙事，娴于词令，审是先秦古书，亦略与左氏国策相似，学在纵横小说两家之间。"读过以后，觉得他的评价是很恰当的。

　　此书以纪事为目标，原拟成为历史，然叙述夹杂一些传说及荒诞之事，遂为后人定为小说。即使作为小说，因为它有坚实而动人的历史事实，再加上叙述之委婉有致，乃成为古代小说之翘楚。

　　冬夜读之，为之血涌神驰，寒意尽消。周围沉寂，而心目中的秦廷大乱。此真正小说佳品也，非泛

中国文化传统是宽容的

泛者可比。乃取《史记·荆轲传》对读之，并记两书写法之异点如下：

一、《燕丹子》共分三卷，第一卷记麴武，第二卷记田光，第三卷才记荆轲，系一人引出一人。而《史记》一开始就写荆轲。并同时写了与他有关涉的高渐离、盖聂、鲁句践等。在《燕丹子》中，高渐离只是在易水送别时，露了一次面。《史记》则把他处理成仅次于荆轲的一位侠义之士。

二、在细节中，除去孙星衍提到的"国策史记取此为文，削其乌白头马生角及乞听琴声之事，而增徐夫人匕首，夏无且药囊"，《燕丹子》还有荆轲赴秦时，"夏扶当车前刎颈以送"，和"行过阳翟，轲买肉，争轻重，屠者辱之，舞阳欲击，轲止之"。两个细节，为《史记》所无。

买肉这一细节，对小说很重要，因为表明，荆轲在进行大事中间，不为小事所误的克制精神。而司马迁或者认为，他前面已经写过两次荆轲的这种精神了，不再重复。这在史裁上讲，也是应该的。

小说，一再重复，可加强人物性格和故事效果，但也要得当。《燕丹子》的处理，还是得当的。

司马迁的《荆轲传》，现在通称为"传记文学"，然其本质仍为历史。所谓传记文学，只是标明：司马迁的历史著作，同时具有文学的价值与功能。作为历史，选材就应该更严格一些。荆轲刺秦，是一大悲剧。这一事件的失败，在当时是震动了千万人的心灵的，并且关系到了对荆轲这一人物的评价。司马迁不能不找出其失败的原因：太子催促太紧，荆轲没得与他等待的那位客同行，而与秦舞阳同行，荆轲在出发之前，就看出这个人不行了。小说对于失败，则不必有结论，任人想象去好了。

三、《史记》没有采用《燕丹子》中的用金子投青蛙，吃千里马肝，砍美人手等细节，这是司马迁的高明之处。小说可以这样写，民间可以这样传说，作为人物传记，这些材料，只会伤害荆轲的形象。

四、至于《史记》不采用《燕丹子》中的乌白头，马生角，是因为荒诞。不采用它的乞听琴声，是因为虚构。乞听琴声的原文为："秦王曰：今日之事，从子计耳。乞听琴声而死。召姬人鼓琴。琴声曰：罗觳单衣，可掣而绝。八尺屏风，可超而越。鹿卢之剑，可负而拔。轲不解音。秦王从琴声负剑拔之，于是奋袖超屏风而走。轲拔匕首掷之，决秦王耳，入铜柱，火出燃。"

在那样紧张的局面下，间不容发，哪有这种闲情逸致，这等从容？当然是不可能的。入铜柱，火出燃，却比《史记》所写，更为有声有色。

《史记》虽不采这两件事，但放在小说中，还是可以的，能引起人们的一些联想。群众会这样想：啊，所以没有成功，是上了秦王的当呀！

五、《燕丹子》一书，就在这个地方终止了。《史记》却在荆轲刺秦失败之后，又写了高渐离的不寻常的举动，又写了鲁句践感叹

中国文化传统是宽容的

的话，使文末摇曳生风，更拨动了读者怀古的思绪，增加了作品的悲剧效果。

耕堂曰：历史与小说之分野，在于虚构之有无。无虚构即无小说，正如无冲突即无戏剧。然在中国，历史与小说，实亦难分。有时历史的生动，如同小说，有时小说的翔实，超过历史。而历史家有时也从小说取材，小说从历史取材，则更为多见。但文体不能混淆，历史事实，有时虽出人意想，不得称为小说；小说虚构多么合情合理，也不得当作历史事实。《燕丹子》与《荆轲传》，题材无出入，人物无等差，古人已因其有无虚构，判为泾渭。文体虽不同，写作艺术，仍有高下之别。仔细推敲，《史记》的剪裁塑造必胜。学者认为《燕丹子》成书于前，《史记》采摘之，亦未必然。要是秦汉之际，关于这一次政治性大事件的记载，关于荆轲事迹的传述，不会是一种，而是多种。其中有事实，有传说。事实有传闻异词，传说有夸张想象，记载有繁简取舍，不会一致。《燕丹子》为其中之精粹完备者耳。

一九八六年十一月二十九日